がんばらないから
上手くなった。

田村尚之＋上杉 隆
naoyuki tamura + takashi uesugi

ゴルフダイジェスト新書

がんばらないから上手くなった。／目次

第2章 〝がんばらない〟ラウンド術

はじめに

「いや～、どうも、どうも」

スーツにネクタイの痩身の男は、サラリーマン風情を隠すことなく、笑顔で近づいてきた。もう5年以上も前、横浜でのことだ。これが日本アマチュアゴルフ界の伝説ともいわれる田村尚之との出会いだった。

「お父さん、どこまで自分がかわいいの？」

広島の実家近くで、田村の家族と食事をした際、自身が掲載された記事を読む父に向かって、聡明な娘が投げ掛けた言葉がこれだ。

なにやら心もとない。会社でも、家庭でもほとんど立場がなさそうだ。しかし、その田村、芝の上に立つと一変する。

日本オープンローアマ（１９９４年）、日本アマ23年連続出場（最高２位、中部銀次郎の記録を超える）、広島県オープン総合優勝、日本ミッドアマ優勝３回（連覇含む)、中国アマ優勝(5回)、広島県アマ優勝(13回、5連覇含む)、ナショナルチームメンバーなど、他を圧倒する恐るべき戦績だ。

これらの戦績を知れば、田村を知らない者は、屈強なアスリートの姿を想像するだろう。

だが、その実は、飄々《ひょうひょう》とした理工系のサラリーマンを彷彿《ほうふつ》するような人物だ。実際、東京理科大学を卒業した田村は、大手自動車会社に勤め、49歳までサラリーマンを続ける。

普段のゴルフは週末、試合は有給休暇を取って参戦してきた。そして、49歳の夏(2013年)、1回きりの挑戦の約束を家族と交わした末、見事一発合格した新人プロゴルファーである。

プロとして初出場した日本オープンでは、最終日にアダム・スコット(豪)とラウンドし、いきなりその名を轟かせた。しかも、日本シニアオープンの最終日でも、同じくマスターズチャンピオンのイアン・ウーズナム(英)とまわり、「持っている男」をゴルフ界に印象付けた。

その田村の処女作が本書である。プロ1年目で自著の出版にこぎ着ける幸運の星の下にありながらも、田村の姿勢は変わらない。

いつもと同じ飄々としたサラリーマン風情で、仕事場でも、家庭でも、そして新しい職場でもあるゴルフ場でも、がんばらない男を貫いているのである。

上杉　隆

2015年3月

第1章 〝がんばらない〟スウィング術

①　あきらめることから上達がはじまる

上杉　ずいぶんと身体が細いようですが……。

田村　172センチ、64キロです。これでも、ずいぶんと太りました。以前は54キロでしたから。

上杉　54キロは確かに細いですね。というか、18ホール大丈夫ですか?。

田村　以前はそれはもう、ものすごい虚弱体質で、1ラウンドすると決まってフラフラになっていました。疲れがたまって食事もできないくらい。日本アマ（日本アマチュアゴルフ選手権）で、隣の選手がステーキをガンガン食べている横で、ざるそばか、そうめんばかりですから。

上杉　とても、トップアマチュアゴルファー（当時）の食生活とは思えないんですが（笑）。だいたい、いったい、大会のときなどはどうしていたんですか？　特に日本アマは一日36ホールを回る過酷な大会ですよね。

田村　確かに、日本アマ決勝の36ホールは本当にきつかったですね。でも、2007年、2位になったときは体質改善の後だったのでよかったんです。友人のトレーナーに相談したら、トレーニングをするようにアドバイスされて、週2回の筋トレをするようになりました。それからはずいぶんと変わりました。

上杉　虚弱体質を克服？

田村　それまでは大会会場に到着して、まずやることといったら「病院を探すこと」でしたから。朝、ユンケル飲んでラウンドして、ラウンド後、フラフラになって病院に行って、ブドウ糖点滴を打ってから休まないと、もう試合にならなかったんです。

でも、トレーニング後は体質も変わり、ようやく病院探しもしなくて済むようになりました。それでやっと気付いたんです。なんだ、みんなこんなに疲れないでラウンドしていたんだ、と。

上杉　なんでゴルフをやっているのか不思議なんですけど（笑）。その虚弱体質は昔からだったんですか？

田村　そうですね、もう身体中が万遍なく弱かった。体力検査でも、誰よりもきれいに平均を下回って、そういう意味ではバランスの取れた弱さでした（笑）。

上杉　とはいえ、「虚弱体質時代」でも、驚くような戦績を残されています。ということは、やはり相当量の練習をこなした、とお見受けするのですが。打ち込みは毎日ですか？

田村　ぜんぜん。基本的に練習はしません。ウィークデーは午前8時前から出勤して、午後7時ごろまで働くサラリーマンですし、休日は子どもたちの発表会や学校の行事があったりと、中々クラブが握れないんですよ。よくて週1回がいいところですね。

上杉　その1回の練習の際に、かなり徹底的に打ち込むという感じなんですね。

田村　いや、何十発か打って終わりということが多いですね。それに、調子が悪ければすぐに切り上げちゃいますから。

月イチゴルフでも十分上手くなれる

上杉　う〜ん、では、練習場に行って調子が悪いときなどはどうするんですか？　トップ気味だったり、ダフリが出たりとか。スウィング修正のための練習はしますよね。

田村　いや、逆ですよ。調子の悪いときはすぐに練習を切り上げます。実際に、車で1時間かけてメンバーコースの練習場に行き、2、3発打って変な球が出たんで、そのまま家に帰っちゃったこともありますよ。

上杉　悪いときに練習しなかったら、練習にならないじゃないですか。

田村　そこなんです。**悪いときに悪いイメージのまま打ち続けても意味がない。ダフリやトップなどのミスショットのような、身体に嫌なものを染み付けない。**だから、僕はよいイメージで打てるときにしか球を打ちません。よいイメージを記憶し、身体に覚えさせることが大事なんですから。

上杉　それならば、どうやって上手くなるんですか？　練習はしない、ミスショットは修正しない。それでは、この本自体が成立しなくなるじゃないですか（笑）。

田村　いやいや、サラリーマンの自分ができることを無理なくすればいいんですよ。ないものねだりではなく、忙しかったりして無理だと思うことはあきらめればいい。**あきらめないとか、がんばろうとするから、無理をする。無理をするから、かえって下手になる。**がんばらないところから、僕たちサラリーマンの上達が始まるんです。

上杉　なんと大胆な。ではラウンドも月イチぐらいで、十分上手くなると？

田村　いや、冗談や嘘ではなく、今はオフだから一切コースを回っていません。1月から3月はゴルフをしないことに決めているんです。何しろ寒いし、やはりゴルフは気候のいいときに気持ちよくやりたいじゃないですか。

上杉　寒いって……。そりゃ日本は冬だし……。本当に3カ月間もクラブを握らないんですか。

田村　そうですね。寒いのに我慢してラウンドして、風邪を引いたり、怪我でもしたら元も子もない。気分の乗らない季節や天気のときは無理しないに限るんです。

アマチュアのゴルフは気持ちよく、が基本です。

上杉　月イチのサラリーマンゴルファーたちには、大いに勇気を与える言葉です。ということは、オンシーズンにかなりのラウンドをこなすということですか？

田村　いや4月から12月の間でも、アマチュア時代のラウンドは週1回、土日のどちらかでしたね。

上杉　そうなると、ラウンドもしない、練習もしていないということで、上達するチャンスそのものが失われてしまうような気がするんですが。よほどの天才でもない限り、練習なしでトップアマとしての実力をキープするのは困難です。

田村　いやいや、もちろん練習をしていることはしていますよ。家でパットの練習くらいは。そうですね、子どもたちとパターマットでボールを転がしています。それに打つときは集中して打ちますから。

上杉　では、ラウンドのときはどうなんですか。普段練習時間が取れない分、コースに早めに行って打ち込むとか。練習グリーンで入念にパッティングの調整を行うとか。

田村　う〜ん、実は、「田村はギリギリにしかコースにやって来ない」ということで有名なんです（笑）。普段のラウンドではスタートの10分前に到着、そのままティショットという感じですね。

上杉　でも、大会のときはさすがにそんなことはないでしょう。だいたいスタート時間に遅れたら、失格になってしまいますし。

田村　そうなんですよね。だから試合の際には、さすがに15〜20分前にはコースに到着するようにしています。

上杉　それでも十分遅いと思うんですけど……。だいたい本番前に練習しないで不安ではないんですか。

田村　むしろ、本番前に練習なんかして曲がったら嫌ですから。よく、その日の球筋を確認するなどと言いますが、僕にとっては、**いいイメージ、自信を持ったまま1番ティに立つことのほうがずっと重要**ですから。

上杉　本当にいい加減だ（笑）。

田村　ストレッチくらいはしますよ（笑）。社会にはいろいろな人間がいて、いろいろな考え方がある。ゴルフも同じです。その人の性格に合ったやり方で、自然体でやればいいんです。だって、ラウンド前にいろいろやっても疲れてしまうだけでしょう。

〈田村のハンディキャップはプロ転向前、プラス5・6。おそらく日本一のローハンディだった。そのゴルフの秘訣は、がんばらない、あきらめること、と語った。すれ違い気味の出会いだったが、いずれフィットする瞬間がやって来る……そう信じて田村との対談レッスンはスタートした〉（上杉）

②　ボールが曲がらない構え方

上杉　練習しない、ラウンドしない、がんばらない……。それでも、トップアマの地位を維持してきた中年ゴルファーというのは、夢のような話です。とはいえ、ゴルフは「失敗から学ぶスポーツ」だともいわれます。そうした教訓を無視したとしても、失敗は必ずあるものです。果たして競技中のミスショットには、どう対処してきたのですか？

田村　僕は、ミスショットをしません。ドライバーを曲げてOBを打ったこともないし、ダフって池にも入れたこともありません。だから、対処する必要がないんです。

上杉　あのぉ、そんなことはないでしょう。ミスショットは、どんなトッププロの元にでも起こり得る。いくらハンディがプラス5・6（当時）の実力といえども、田村さんにミスがないとは思えません。

田村　確かに、ナイスショットの先に、たまたまOBがある、池がある、ということはありますよ。でも、それは「ミス」ショットではないんです。打つ方向が違ったとか、たまたま風が吹いただけ。だから、ミスを修正する必要もなく、悩まないで次のショットに向き合うことができます。それに、もしミスをしたとしても悪いイメージはすぐに忘れちゃいますから。

上杉　そうか、忘れちゃうからミスショットの記憶がない。でも、そうなるとスコア誤記の可能性が……そこ大丈夫ですか（笑）。

田村　大丈夫です（笑）。僕はボールを曲げた記憶がないというのは本当です。とにかく、自然なやさしいスウィングをすれば、ボールは曲がらない。苦しいことをする必要がないから、気持ちのよいボールが打てる。**自然なスウィングは、自然な姿勢からしか生まれません。その結果、ボールも自然に真っすぐになる**のです。

上杉　とはいえ、ゴルフスウィングは人間の身体に、かなりの無理を強いる動作ですよね、決して自然体ではない。

たとえば、ベン・ホーガンの著書『モダンゴルフ』では、筋肉の動きを強制的に制限し、上半身と下半身の捻転差によってボールをとらえて飛ばすことが要求されています。そのためには強靭な下半身が必要で、ドライバーのような長いクラブでのダウンスウィングでは、腰を飛球方向にスライドさせながら、それでいて前傾姿勢を崩さないという難しい動作が不可欠とされています。

田村　世の中にはいろいろな人間がいます。背の高い人もいれば、低い人もいる。痩せた人もいれば、太った人もいる。のんびりした人もいれば、せっかちな人もいる。ベン・ホーガンのような筋肉を持った人もいれば、僕のような虚弱体質もいる。だから、すべてのゴルファーが、同じスウィングをする必要はないと思いますよ。それぞれが、自然で打ちやすいと思うスウィングをすればいいんです。

たとえば、前傾姿勢を保ったまま身体をひねるなんて身体を鍛えていないアマチュアがやったら、腰を痛めるでしょう。僕なんかは真っすぐ自然に立って、コマが回るようなイメージでスウィングしています。

上杉　ということは、ホーガンのような捻転も必要ない？　しかし、直立のままスウィングすれば、強いボールを打つことはできないでしょう。

田村　人間の身体の作りに逆らわずにスウィングすれば、それなりの結果は出ると思います。**すっと立てば、当然、重心はかかとに乗る。そこを中心にハンマー投げの要領で遠心力を使って振れば、普通に飛びますよ。**僕だって270〜280ヤードは飛ばせます。

上杉　そうですか。でも、直立に近いアドレスの場合、ショートアイアンはいいとしても、ドライバーなどの長いクラブでボールを左足寄りに置くと、球をつかまえにくいですよね。

田村　そうですね。でも、ボールが必ずしも左足の前にある必要はないと思います。**ドライバーショットでも両足の真ん中近くにボールを置けばいい**んですよ。

上杉　ドライバーで？

田村　そうです。僕の場合は、左足の前ではなく、真ん中、あるいはアイアンになると、さらに右足寄りにボールがあるように見えるようです。それは、「逆T字」を意識した結果、そうなったのかもしれません。

逆T字の横棒はスタンスライン、縦棒はボールから身体への線（次ページ参照）。**いつもボールに対して同じ逆T字を描いて構える**ようにしています。結局、それが僕にとっての正しいアドレスということになったんでしょうね。

ボールもグリップも真ん中寄り

田村　ボールを左足かかと線上にセットしないのには他に理由もあります。右利きのゴルファーの場合、普通にグリップすれば、右手が左手よりも下に来ますよね。

上杉　はい。

田村　となると、右肩が左肩よりも下がることになる。そのうえで、左足の前にボールを置けば、もっと右肩が下がる。だから、僕は真ん中より右足寄りにボールを置いているのです。そして、グリップの位置も右足寄りにする。そうすると……。

真っすぐ自然に立ちたい。ボール位置は右になる

グリップ位置は真ん中寄りに

ボール位置と同じところに、グリップもセットする。ものすごくハンドレートな構えになるが、「実は一番自然で断然やさしい」(田村)

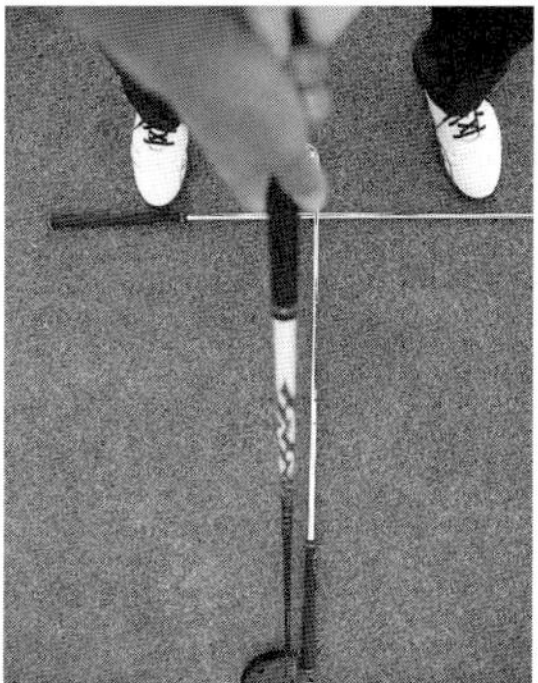

構えた自分から見て、スタンスラインと、身体からボールへの線がいつでも「逆T字」を描くように、アドレスする

上杉 あ、そうか、両肩が地面に対して水平に近くなる！

田村 また、右手は左手よりも前方に出た形でクラブを握っているとも言えます。つまりそれだけ右肩が前に出やすい、開きやすいということです。**ボールを左足寄りに置くと、さらに右手・右肩が前に出て、クラブが外から入るアウトサイド・イン軌道になりやすい**んです。

もちろん、右ひじを曲げて右わきに付けたりする防止方法もあるんでしょうけれど、僕はこれが嫌なんです。

上杉 直立して構えたいから？

田村 そうですね。**がんばらず、自然にすっと立って、コマが回るように普通に振りたいからボールとグリップは真ん中寄りに置いています。**だって、せっかく左右同じ長さの手のはずなのに、ゴルフでは右手が左手より下にあり、両肩とグリップで作る三角形が二等辺三角形ではなく、右手側の辺が短くなる。だから三角形の頂点であるグリップの位置は、右足寄りになるのが自然でしょう。

上杉　なるほど。セベ・バレステロスの右手が数センチ左手よりも長くて、自然にスクェアに構えられ、水平なスウィングができていたという話がありますが、それと同じことなんですね。田村さんの右足寄りにボールを置くアドレスの理論は納得できました。

田村　もっとも自分のボール位置やスウィングを確認したわけではありません。何しろ自分の映像を見たことがない。僕にとって一番やりやすいアドレスをしているだけです。

③ スウィングは難しく考えない

上杉 ビデオでスウィングチェックとかはしないんですか？

田村 ない、ない。見たらショックを受けそうですから。だから絶対に見ないようにしています。

上杉 それでは不安が残るのでは。私などは、いろいろな方法で自分のスウィングをチェックしないと気が済まない。連続写真だけでも可能ですが、やはりスウィングの流れを知りたいときなどビデオは不可欠でしょう。

田村 僕は見なくてもいいんですよ。

上杉 なぜ？

田村 改めて見なくても、マキロイやタイガーのスウィングを見ていますから。それで「自分のスウィングもきっとこうなっているんだろうな」と勝手に解釈してますから。

上杉　なんと都合のいい（笑）。

田村　でもスウィングも、そしてコースの攻め方も、個性があっていいんだと思いますよ。それに、**基本的にゴルファーは2つのタイプしか存在しない**と思ってます。

上杉　2つのタイプ？　プロとアマ？　いや、男子と女子か？

田村　はい、スルーします。たとえばティショット。いつもドライバーを使うか、あるいは刻むか。アプローチでも、常にピンをデッドに狙うか、あるいは転がして寄せるか。パターでも、ジャストタッチでカップの間口を広く使うか、あるいは強めにカップの向こう側にぶつけて入れるか。

それと同じように、スウィングもゆっくりのタイプか、あるいは速いか。その組み合わせで十人十色のゴルフができ上がる。

上杉　なるほど、だからビデオで確認するまでもなく、自分に合ったゴルフを採用すればいいということですね。

しかし、どんな人間でも身体の調子は日々違う。精神の状態も同様です。それをいつも同じスウィングで、いつも同じゴルフをしろというのは、かなりの無理があると思うのですが……。

田村　いや、スウィングに関しては人体の作りからして、おのずから制約があると思いますよ。たとえば、ひじは上向きにしか曲がらないようにできていて、ひざは後ろにしか曲がらないようにできている。自然、ゴルフスウィングも人間のそうした肉体に逆らうような動きにはならないはずです。

上杉　繰り返しますが、ゴルフでは何もかもが自然というわけにはいかないと思います。そもそも左右非対称なゴルフスウィング自体がすでに人間の身体にとって不自然でしょう。

田村　いや、そう難しく考える必要はないと思いますよ。ゴルフはひと言で言えば、身体の向きの真横にボールを飛ばす競技です。アドレスで、もし両手をお経を唱えるように重ね合わせてグリップできれば、両肩とグリップを結んだ三角形は二等辺三角形になるから、右打ちでも左打ちでもボールを真ん中に置けば、真横に飛ばすのは簡単なはずです。でもそうは握れないから、それと同じような状態にしてやればよいのです。それがボールとグリップの位置を右寄りにする、ということです。

上杉　肉体は別として、では精神的な変化はどう対処しているんですか。試合中に緊張することもあるでしょう。前日に眠れず、集中力に欠けることもあると思いますが？

田村　**プレッシャーがかかるのは人間だから仕方がない。でも、そうしたときこそ、僕みたいな自然なスウィングが役立つ**のです。試合でいざというときも、自分にとっていつもどおりの振りやすいスウィングをすればいいだけなのでまったく怖くない。身体が覚えている感覚に従うだけなので、何も考えることもない。不安を覚えることもない。これ、すごく大切なことだと思います。

④ かかと体重でハンマー投げ。これなら飛ばせる

上杉 田村さんのアイアンショット、目を見張るものがありますね。

田村 周りの選手に比べて飛ぶほうではありませんから。4番アイアンで190ヤード強、普通でしょう。

上杉 距離ではなくて方向性です。アゲンストの風がびゅうびゅう吹いている中、どうして毎回同じように打てるんですか。ときにはスウィングのリズムが狂って、左右にブレるとかないんですか?

田村 「とにかく、曲げちゃだめだ。曲がるうちはコースに連れて行けない」。小学5年生の初ラウンドまで、父に口をすっぱくして言われ、小さいころからこればかり考えていましたから。曲げるとそれだけプレー時間もかかり、同伴プレーヤーに迷惑がかかる、と。だから、飛距離よりも方向性を重視するスウィングになったんです。

上杉　飛ばなくてもいい？

田村　はい。ボールを曲げないためにはどう打てばいいのか、そればかり考えていました。

上杉　強烈な変則スウィングに見えますが、その謎はお父さんからの教えにあった、と。

田村　教えというよりも躾《しつけ》ですかね。父は１００をやっと切るかどうかの一般的なゴルファーです。レッスンと呼べるかどうか。

上杉　では、クラブを空に持ち上げるような独特のテークバックは、独学で身に付けたんですか？

田村　そうですよ。幼いころはもっと非力で、しかもパーシモンのドライバーにスチールシャフト。重いクラブを持ち上げるのがやっとでした。それで、今のスウィングが身に付いたんだと思います。

上杉　バックスウィングからダウンにかけて完全にループを描いていますね。

田村　ええ。でも、これが僕にとっては自然で一番振りやすいスウィングなんです。がんばらない、無理しない。ちょうど振り子の感覚で打っています。

上杉　う〜ん、誰かに似ている。ジャック・ニクラスの若きころを超越するような右わきの開き。あっ、ジム・フューリックに似ているかも。

田村　正直なところ、この前も似ていると言われました。

上杉　失礼ながら、それでよく当たるなと（笑）。

田村　えー!?　真っすぐに打とうと思うのならば、クラブフェースの向きを変えなければいいわけで、これなら多少インパクトポイントがズレても、右に行ったり、左に曲がったりしません。

スウィング中、常にクラブのリーディングエッジがプレーンに対して直角に、フェースがボールを睨むように振ろうとしてそれを続けていたら、結果としてこのスウィングになったのです。

上杉　なるほど。とは言いつつ、そこまでクラブをシャットにバックスウィングしたら、左に引っかけるんじゃないですか。

田村　いえいえ。**振り子のイメージで、インパクトの後もできるだけリーディングエッジはプレーンに直角のまま、ヘッドを目標方向に振ってやるだけ**です。

そうすることで、ボールにはフェースが常に真っすぐ飛行線と直角に当たることになり、結果として打ち出しが高く、よじれない弾道で飛ぶのです。まあ、フィニッシュまでずっとというわけにはいきませんが。アニカ・ソレンスタムのスウィングはまさにそんな感じだったと思うんですけど。

上杉　アニカ……ですか（笑）。そういえば、フォローでもクラブヘッドはターンしていない。でもレッスン書では、ヘッドはインサイド・インで動くのが正しいとあります。そのスウィング軌道の中で、クラブヘッドもターン（回転）していく。そうしないとナイスショットにならないのでは？

田村　そうですか？　ゴルフの場合は、たまたま振り子が垂直ではなく少し斜めになっただけ、そう単純に考えればいいと思うんだけど……。**ドライバーが一番斜め**

で、パターが一番垂直に近い振り子の運動。

上杉　でもパッティングとドライバーショットでは身体の動きが違う。フォローで両わきが大きく開き、ボールにパワーが伝わらなくなり、飛ばなくなるのでは。

田村　そんなことはないでしょう。現にほら、僕の球、ドライバーで300ヤード近く飛んでいます。

上杉　確かに。飛んでいますね。でも、フェースの向きを変えずにストレート軌道で打つドライバーショットなんて、そんな理論、聞いたことありません。

田村　特定の理論に頼ったら大怪我をしますよ。何より僕は、自分自身の「感覚」を大事にしています。たとえば、フェアウェイウッド。**地面の球を払うか、打ち込むか、それは見ている人の判断ではなく、打っている人の感覚の問題**です。他人から見れば、明らかに打ち込んでいるように見えても、「私は払っています」というプロも何人もいました。

北海道から来た人は、東京のことを「東京は暖かいね」と言うかもしれないけど、沖縄から来た人は「東京は寒い」と言うのと同じ。スウィングもそんなものです。

上杉　そうか……。でも、まだ納得できません。なんで、その打ち方でそんなに飛ぶんですか？　ドライバーのスウィング中に、本当は何か秘密にしているコツがあるんでしょう。もったいぶらずに、田村さん。

田村　自然に、ですよ。だいたいボールを打つのに、トップで右ひじが、インパクトで左わきが……なんてやっているスポーツはゴルフだけです。

自然に立てば誰もがかかと体重

田村　普段の生活でも、箸を持つときに、人さし指がこうで……なんて考えながら握っている人はいないでしょう。自然の感覚を生かして、気持ちよく振るのがいいんです。

上杉　理論はいらない、となると何も考えずにスウィングすることになります。本当にそれは可能ですか？　誰もが田村さんのような天性を持っているわけではありません。何かしら考える部分があるはずだと思いますが。

田村 ムチ打ちの感覚かなぁ（笑）。というかハンマー投げですね。

上杉 ハンマー投げ？

田村 そうです。ハンマーに引っ張られるのを、かかと体重で踏ん張りながらグルグル回って、ハンマーを放り投げるあれです。ヘッドがハンマーで、シャフトが鎖。だから僕の場合は、かかと体重でショットする意識です。

上杉 えぇー、つま先ではなくて、かかとですか？

田村 単純に考えてください。**足首はかかと側に付いています。だから自然に立てば、かかと体重になります。それを無理につま先にかけ直す意味がない**と思います。

上杉 説得力は、ありますね。

田村 そうやってシンプルに振り方を考えるべきだと思いますよ。

振り子イメージで振るから
ボールが曲がらない

フェースローテーションを使わずに、振り子のようにスウィングするには、前傾姿勢が浅めのアドレスになる

テークバックでは、フェースをボールに向けたまま、シャットにクラブを上げていく。フェースの開閉をできるだけさせたくない

⑤ベタ足で踏ん張る。ヘッドが走り出す

上杉 ところで田村さん、私、なぜか最近ドライバーが引っかかるんですよ、しかも激しく。引っかけフックになることもあります。

田村 ドライバーショットのとき、体の正面でインパクトできるように、ちゃんと両足が地面をとらえていますか？　それが足りないとボールがブレますよ。

上杉 地面をとらえるって、そのガニ股みたいな変なスウィングのことですか。

田村 失礼な……。でも、そうです。**ガニ股のほうが、踏ん張りも効くし、インパクトゾーンも低く長くなる。だから飛ぶし、ストレート・トゥ・ストレートの軌道になってボールが真っすぐ打ち出されるん**です。

上杉 なるほど、ガニ股にすると軸はブレませんね。でもやっぱり、引っかけるような気がしますが。ちょっと打ってみます。あっ、やっぱり左に行った。

田村 ヘッドがびゅんと走って、飛距離がびゅんと伸びているようです。でも確か

に左に引っかけていますね。

上杉　私なりの表現をしますと、スコットランドからロンドンを狙ったボールが、パリを越えて、ローマまで行った気分です。

田村　（無視して）まずフォローをインサイドではなく、目標方向に出すようなイメージを持つといいんじゃないでしょうか。**目標に真っすぐフォローを出すようにすると、単純な話、ボールの打ち出しも目標方向になる**ものです。

それに上杉さんは僕に比べて、ダウンスウィングで右足裏がめくれるのが早いと思います。右ひざを左へ送ろうとするから、右足かかとが早く上がってしまう。右足のヒールアップが早いと身体の開きが早くなって、フォローがインサイドに入りやすくなる。このときスライスを嫌って、右手を早く返そうとがんばるから、打ち出しから左に引っかけてしまうんです。

できることなら**ハンマー投げの要領で、右ベタ足のガニ股でダウンスウィングすると、完全に身体の正面でインパクトを迎えることができます。**

上杉　なるほど。右のベタ足っていうのは実に新鮮ですね。でも、それだとフィニッシュが取れなくなって、苦しいスウィングになると思うんですけど。そもそも右足を地面に着けたままというのは、ものすごく不自然なスウィングになるんじゃないですか？

田村　逆ですよ。右ベタ足で体の正面でインパクトできれば、その後は遠心力でクラブヘッドに体が引っ張られて回転し、何もしなくてもきれいなフィニッシュになるはずです。右ベタ足が無理なら、右足裏の内側だけでも着けておくようにするといいですよ。右足のかかとがインパクト前に完全に浮いてしまうのが問題なんです。

上杉　みんなハンマー投げ風にインパクトしているんですか。

田村　僕自身は、それがタイガーみたいな打ち方だと思っています。

上杉　タイガーも田村式のハンマー投げガニ股打法？

田村　それはですね、エネルギーロスを抑えて真っすぐ打つための工夫から生まれたものですから、田村式というわけではなく、誰にでも通用するものですね。

上杉　そのガニ股状態で左腕を止めるようにインパクトする。
田村　そうです。僕の場合、**左腕を止め、右手首はスナップのように使い、ヘッドを手元より先行させせることだけを考える。**下半身を回そうとか切ろうとか、考えていません。
上杉　ビジェイ・シンのような右手のスナップを効かした打ち方ですよね。
田村　そうそう、布団叩きの感じかな。身体の正面でインパクトすると、あのビジェイみたいなインパクトになります。目標にストレートにヘッドを出すイメージが大事です。
上杉　どのクラブでもですか？
田村　一緒です。**クラブの長さが違うから、スウィングプレーンが横振りになるか縦振りになるかだけです。スウィングはひとつ**だと思います。
上杉　なるほど。
田村　とにかく、フォローでヘッドがどこかに飛んでいこうとするのを、ガニ股のかかと体重で支えてやる。**スウィング中、常に体の正面に手があれば、クラブの通り道は安定する**んです。

振るときはバランスだけ意識

上杉　（実際にボールを打つ）お〜、なるほど。てきめんですね、その意識でボールを打つと。

田村　上杉さんのように、必要以上にインサイドにフォローを取るイメージだと、右手が上に来れば左に引っかけ、左手が先行するとスライスになりやすいですね。この単純な打ち方には、ティグラウンドの平らな場所を探すのも、ホントに大事ですよ。スタンスとボールの位置ができるだけ平らな場所を、僕はしっかり選んでいます。

上杉　そんなにミスを誘発するケース、多いものですか？

田村　多いですよ、ティグラウンドにもややこしい起伏がありますから。たとえば足元はつま先上がりなのにティグラウンドが馬の背で、ボールが低い位置にあったとしたら、トップしやすいんです。足裏の感覚はつま先上がりに反応しますから、ボールが足元より高い位置にあると勘違いするんです。逆なら、大テンプラじゃないですか？

上杉 意識的につま先上がりや下がりにティアップして、ボールを曲げてホールを攻略する上級者もいますが……。

田村 僕はボールを曲げて攻略する発想がないから……そういうのは熟練のプロがやることなんでしょう。**足場とボールのライが一致しているのが、最もやさしいと思います。**

上杉 ティアップした後はどうしますか？

田村 ターゲットを決めるために、ボールとターゲットを結ぶ飛球線後方、そうですね、ボールから4歩くらい後ろの場所に立ちます。その場所でフェアウェイを見ながら、これから打つ弾道を頭の中にしっかりイメージします。次にグリップを作りながらボールに近づいていき、素振りを2回ほどしてからアドレスに入ります。一度ターゲットを確認して、そして始動します。普通ですよね。

上杉　田村さんは、アドレスを決めてから1秒もかからずにショットをしていますね。

田村　**余計なことを考えて身体が固まる前に、さっさと打つことが大事**ですよ。

上杉　そういえば田村さんは、フィニッシュであまりバランスが崩れませんね。

田村　はい。ショットの際に重要なのは、全体のバランスです。ボールに当たったら終わりではなく、その後もスウィングなのです。それほど練習ができるわけではないので単純に、つまりバランスを重視して振ったほうがいいんです。

上杉　なるほど。

田村　そうそう、僕の場合は、打ったボールが落下して止まるまで見続けています。これ大事なんですよ。打ちっ放さない。**フィニッシュの体勢を取りながら、頭の中で「お願い、いいとこに行ってちょうだい」と念じています。**

上杉　それ、何かいいことあるんですか？

田村　ナイスショットの弾道を強く脳に焼き付けているんですよ。よく「ナイスショットのイメージなんて浮かばない」と話すゴルファーがいますが、それは焼き付けが足りない（笑）。記憶が弱いんです。だから浮かんでこない。せっかくのナイスショットなんですから、じっくり見て、脳に強く焼き付けておきたい。

次に結び付くんです。そのためにフィニッシュの体勢でじっと見ているんです。ナイスショットしたのに、行方を見ないでさっさとティペッグを拾ってしまう人が多いですよね。

上杉　青い空に、白いボールが悠々と飛んでいく、それを恍惚《こうこつ》として見つめる……。確かにゴルフの醍醐味のひとつですよね。

田村　そうです。それで、ナイスショットの弾道を脳に焼き付けてください。

身体の正面でインパクト！

右ベタ足で踏ん張って、

⑥ 遠心力を使えば力はいらない！

上杉 ドライバーからパターまで、田村さんの振り方は一緒ですよね。

田村 そうです。クラブを持ち上げて、フェース面が常にボールに向かっているような変則バックスウィングは、曲がらなくなって早くコースに連れていってもらえるように、と小さいころに自然に身に付いたものだと思います。

上杉 インパクトの瞬間はともかく、私から見ると、全体的にものすごくキテレツなスウィングです。

田村 振りやすいスウィングを心がけていたらこうなっただけです。先にも言ったように、自分のスウィング動画は見たことないけど、たとえば両わきは結構締まって見えるはずですよ。

上杉 本当だ。というよりも、むしろ普通のゴルファーよりも、ダウンスウィングでずっと体のそばを腕が通っているような感じのスウィングです。

田村　はい、特に非力な子どもが重いクラブを持ち上げてスウィングすると、自然にこうしたものになると思うんです。横尾要プロもそんな感じでしょ。バックスウィングは手元から反動を付けるように始動させ、ある瞬間、スッと反転するように重いはずのヘッドが上がっていく。また、ダウンスウィングでは右ひじを下に落とすようにして、重力を利用してヘッドスピードを上げていく。これは、物理の法則に沿った動作だと思うんですけどねえ。子どもは、重力が働いていることを感覚的にわかっているのでしょう。いずれにしても極論すると、「振りやすいスウィング＝自分にとっての正しいスウィング」でいいんじゃないでしょうか。

上杉　さすが東京理科大出身の理工系！　でも、いつも同じスウィングをするというのが難しいんです。

田村　振りやすいスウィングだからこそ再現性が高いんですよ。よく練習場で「わかった、これかぁ！」と思っても、大抵次回の練習や本番では同じ感覚で振れないでしょう。それでまた、ああでもないこうでもない、となっちゃう。結局は、その

「フレ幅」を小さくしていくのが練習なんだけど、その都度、ああでもないこうでもないとやっていると「フレ幅」がどんどん大きくなっていく。そういう人は練習が逆にアダとなるんです。僕の場合は、「これしかない」とあきらめているから、誰よりも「フレ幅」は小さいと思います。振りやすいように振る。だから練習量が少なくてもそれほどの不安もないんです。

上杉　独学でゴルフを学んだということですか。それで、中学3年のときに関西ジュニアで優勝、日本ジュニア5位という成績ですか。本当は誰かに教わったんじゃないんですか？

田村　たまたま父の顔見知りのプロに1度スウィングを見てもらったことはありますが、「そのまま打ちなさい」としか言われなかったし、ボールも曲がらなかったので、自分の振りやすいまま振っていました。

　今、練習で考えることは、スウィング中にできるだけ真っすぐなクラブの通り道をちゃんと作ってやる、ということだけです。

クラブにも仕事をしてもらう

田村 （上杉とのラウンドスタート）それじゃ、よろしくお願いします。（素振りなしでティオフ。フェアウェイど真ん中、飛距離は295ヤード）

上杉 ナイスショット！ それにしても、いくらなんでも飛び過ぎじゃありませんか。いきなり300ヤードドライブとは。そろ〜り派じゃなかったんですか（笑）。

田村 たまたまですよ。でもドライバーの飛距離に関しては、ここ2〜3年、伸びています。クラブメーカーの広告ではありませんが、毎年3ヤードずつは確実に飛んでいます。

上杉 その割には、実に軽く振っているように見えます。まるで素振りをしているかのようです。やはり何か隠していますね。

田村 何もありませんよ。ドライバーの好みも昔から変わっていません。フェースが厚めで、重心が高く、重心距離の短いもの。構えたときも、俗にいう「逃げ顔」

はダメで、「つかまり顔」が好き。シャフトもプロ好みの「粘り系」ではなく「走り系」が好み。スウィングも、ただ振りやすいように振っているだけです。

上杉　じゃ、なんで毎年、飛距離が伸びているんだろう。ヘッドスピードは速く感じませんが、ヘッドの描く弧、スウィングアークがとても大きく見えます。何か意識していることはありますか？

田村　あえて言うならば「遠心力」でしょうか。遠心力を出すためには、まずアークが大きいことが大切。だからよくいわれている両わきを締めるとか、そんな余計なことは一切考えません。何度も言うように、**ハンマー投げのように、普通に手を伸ばして大きなアークを描くように**しています。後はエネルギーが逃げないように、体の正面でインパクトを迎えるように心がけています。

上杉　アークが大きくなれば、それだけ遠心力も大きくなって飛距離が出るという仕組みですね。方向性はどうですか？

田村　ヘッドスピードが速くなるとヘッドの返りが遅れて、ボールが右方向に出やすくなりますが、それをクラブで補ってもらうために、重心距離の短い、ヘッドが戻りやすいクラブを使っています。腕力も握力も人並み以下だし、とにかく僕は、がんばりたくないんです（笑）。

上杉　ただ単に怠惰で、ラクしたいだけじゃないですか（笑）。

田村　そうそう。スケート選手の高速スピンを思い出してください。スピンに入るとき、最初は両手を広げてゆっくり回っていたのが、両手を抱えるように体に近づけると急に回転が速くなるでしょ。あれと同じで、重心距離が短いとヘッドがクルンと返りやすくなるから、余計な力や意識がいらないんです。後はヘッドを放り投げるように、ハンマー投げの要領で遠心力を生かす。

上杉　ただ遠心力を大きくすればするほど、クラブが外に向かおうとする力が働きます。これは物理の法則ですが、それに耐えるには相応の力が必要です。何度も言うようですが、田村さんにそれほど筋力があるとは思えません。

田村　ある程度、体幹を鍛えるトレーニングの成果が出ているのは確かです。**軸が**

しっかりしてきたから飛距離も伸びたのではないかと思います。でも、飛ばすのに筋力がそれほど関係しているとは思いません。

上杉　確かに、タイガーのような力強いスウィングでもなければ、石川遼くんのように関節を存分に使った柔らかいスウィングでもありません。でも、飛距離は２人にそうは負けていません。

田村　野球選手だって、全員が筋骨隆々というわけではないでしょう。やはり、身体の使い方が重要なのではないでしょうか。

上杉　専門家に言わせると、なんでも田村さんのインパクトの股関節の使い方は理想的だそうです。左つま先が開いても、左の股関節が、かちっと入って決まっているから問題ないのだそうです。最近の大リーガー、それからテニスプレーヤー、格闘技のローキックはみな、この股関節の使い方だそうです。もしかして、股関節を鍛えている？

田村　どうやって（笑）。それも体幹だと思います。

上杉　僕は、タイやオーガスタで、石川遼くんのドライバーを見続けてきました。それは、打った瞬間にはもうはるか上空にボールが行っているという感じです。田村さんのドライバーも、まさしくそれと同じ感じです。

田村　昔から弾道は高いといわれますが、特別に意識しているわけではありませんよ。とにかく、**インパクトでフェースをボールに飛行線と直角に当てたい、**ただそれだけです。

スウィングアークを大きく！

遠心力を出すために

⑦ ドライバーからウェッジまで〝ロブショット〟

上杉　田村さんのドライバーショットは、石川遼くんのドライバーショットのように、打った瞬間にはもうはるか上空にボールが行っているという感じです。決して大げさではなくて、見上げ過ぎて、もはや首が痛いくらいです。田村さんのそのショット、果たして意識しての高弾道ですか。

田村　僕のボールはよく上空で一瞬止まるといわれまして、「田村のボールは上空で『ピンはどこだ!?』って落ちる場所を探している」と、からかわれます。ボールが上空で落ち場所を探してくれているとすれば、それはインパクトの瞬間、おそらく1000分の1秒にも満たない時間ですが、ボールに話しかけているからじゃないのかな。

上杉　そうか！　ボールに話しかけるか！　田村さん、病院へ行きましょうか？（笑）

田村　ははは。そうじゃなくて、あまりシビアに考えず、ラクにいこうという意味ですよ。ピンを狙う意識が強過ぎると、力んで、かえってミスが出てしまいます。軽い気持ちで「頼むよ！」ってポーンと打って、後はボール任せ。

先ほども言ったように、最後はボールに「お願い、寄ってちょうだい！」ってカップに向かって落ちるように話しかけるようにしています。ボールに頼むだけ。他力本願なんです。

上杉　他力本願というより、投げやりのような……。

田村　自分のできることは自然にスウィングして、自然に真っすぐ打つだけ。運がよければボールインワンするし、悪ければバンカーに入る。結果はボール頼み。

上杉　う〜ん、わかったような、わからないような。それにしても、どうやったらあんなに強く高いボールを打つことができるんでしょう？

田村　いえいえ。前も言ったように、特に意識はしてないんですよ。昔からこの弾道。

上杉　でも、逆風にも負けず飛んでいる。驚くほどの高弾道で。やはり、何か秘密があるはず。田村さん、私にも読者にもまだ何か隠していませんか（笑）。

田村　いや、何も……。でも、強いて言えば、僕のショットは全部ロブショットの意識だからですかねえ。

上杉　えっと、あのアプローチの「ロブ」の意味ですか？

田村　そうですね。**ドライバーもアイアンもアプローチも、もっと言うとパターだって、イメージは全部ひとつ、ロブショット**なんですよ。そのほうがシンプルで覚えやすいから。ひとつの練習だけすればいいので、練習時間も少なくて済みます。

上杉　なぜロブなんですか。

田村　たとえば全部転がしのイメージだと、バンカー越え、池越えの状況で対応できないでしょう。上げる球ならオールマイティ。ティショットからグリーンまで対応できます。

上杉　ロブショットのイメージを、具体的に説明してもらえますか。アプローチならなんとなくわかるんですが、ドライバーや、ましてやパターとなると、さっぱり……。

田村 簡単に言うと、ショットもパットもボールをつかまえている時間を長くするんです。

手元を止めるとヘッドが走る

上杉 つかまえている時間？ クラブフェース上に、ということですか？

田村 そうそう。フェースに乗っている時間を長くする感じでしょうか。**インパクトでフェースに乗せたボールを上空まで運ぶ感じ。**

上杉 具体的に、つかまえている時間を長くするにはどうしたらいいんでしょう。

田村 ボールを乗せて運べるように、フェースを空に向けるようにインパクトする。クラブのソール面を滑らせながら、ヘッドをかち上げる感じでしょうか。

上杉 ヘッドをかち上げる？

田村　そのための、インパクトのときに左手を止めるイメージなんです。インパクトの瞬間、左手を止めるイメージでスウィングする。左手が止まればヘッドがクラブのグリップエンド（両手）よりも先行するでしょ。これがクラブヘッドが先行して走る感じです。ヘッドが走ればボールがつかまりやすくなります。

さらにクラブのソールを滑らせるように動かす感覚があれば、フェースの上にボールがうまく乗ってくれます。だからフェース上に乗っている時間が長くなる。フェースというエレベーターで上の階にボールを運んでいく感覚です。これが僕の言うロブショットです。

上杉　フェース面を返さずにフォローを出すイメージですか。

田村　そうそう。**できるだけ飛球方向に真っすぐな軌道で、なおかつフェース面が空を向くような感じでフォローを出します。**

上杉　（実際に打ってみる）おおっー。なんだ、このボールは！　テンプラを除けば、これまでのゴルフ人生で最高の高弾道！

左手が止まれば、ヘッドが手元より先行する！

田村流〝ロブショット〟の極意は、ソールを滑らせながらヘッドを走らせること。そのためにインパクトの瞬間、左手を止める意識を持つ

ショットもパットも、フェースに乗っている時間を長くする。ドライバーでも左手を止める意識で、ヘッドを走らせ、ボールをつかまりやすくする

田村　でも、上杉さんの場合は、まだ手元が動き過ぎてしまいますね。長年のクセで、**手を速く動かすことがヘッドを速く動かすことだと勘違い**しているんです。

インパクトゾーンではむしろ、グリップエンドが止まってヘッドだけが動いてくれるのが理想。だから、いったん、左手を止めてグリップエンドの動きを抑えるんですが、上杉さんのように手元が大きく動いてしまう人なら、インパクトの瞬間、左手を戻すぐらいの感じでちょうどいいかもしれませんよ。

上杉　左手を戻す感じ？　スウィングに逆行するってことですか？

田村　そう。それくらいやって、ようやく少しヘッドが先行するんです。僕みたいに非力な人間は「作用反作用の法則」や「テコの原理」を有効に使わないとね。

上杉　（パー3で5番アイアンを使う）あっ、左に引っかけた。でも球は高い。しかも2番手以上飛んでいる。なんだ、なんだ、なんだ！

田村　フェースが返ってしまったから、左に飛んだのでしょうけど、今のはヘッドが走って、長い時間ボールをとらえていましたよ。後はフォローでフェースを返さないように、フェース面を空に向けるように振れば、真っすぐ飛ぶでしょう。**インパクトの瞬間に上向き方向にスピードを上げるようにヘッドを動かす**んです。

上杉　確かに。グリーンを外すショットでしたけど、打感や飛距離は抜群です。これがロブショットの極意ですか。でもロブというと飛距離が出ないイメージなのですが……。

田村　みなさんは、ロブショットはカットするものと思っているんじゃないでしょうか？　だから、だるま落としのようになって距離が合わない。

私のやり方はあくまでフェース上に乗せて運ぶので、エネルギーロスは少ないはずです。

上杉　（次はドライバーで打つ）お～、高い。遼くんもびっくりだ。もっと昔にこの技術を知っていれば、人生違ったかもしれないのに。

それにしても左手を戻すと勝手にヘッドが走っていく。しかも、ぜんぜん力がいらないんですね。これはすごい！　いや、田村先生ありがとう。

⑧ 棒立ちアドレスは身体にやさしい

上杉　田村さんのスウィングには激しさや厳しさがありません。ぜんぜんダイナミックじゃないのに、ボールが飛ぶ。なんだかいつも狐に化かされているような、不思議な感覚です。

田村　競技などで僕に敗れた選手が、よく「田村マジックにしてやられた」という表現をします。別に僕はたぶらかしたり、演技しているわけではないんですが、真面目に闘っているゴルファーには不真面目にラウンドしているように見えるようです。

上杉　飄々とスウィングして、淡々とバーディを取って、しれっとOBを打って、60台で回ってくる感じです（笑）。

田村　ミスショットのOBはほとんどなくて、たまたま飛んだところがOBだったケースばかりなんですけど。

上杉　はい、その話は、何度もうかがいました。スルーします。で、ドライバーは、どうやって打っているんですか？

田村　僕の場合は、棒立ちで突っ立っているようなアドレスとよくいわれます。まずそれで、みんなは「力感がないヤツだな」と思うんじゃないですか。自分にとっては最も自然で、インパクトの瞬間にエネルギーを出せるアドレスなんですけど。

上杉　背骨の前傾を45度くらい深くして構えると、どっしり感があって飛びそうに見えますが。

田村　下半身をがっちり固めて、上体のねじれだけで打つなら、それでもいいんでしょうが、僕はそれほど筋力もないし……。それに前傾の深いアドレスを取ると腰にも大きく負担がかかります。**40代をアマチュア競技の第一線でやってこられたのも、この突っ立ちアドレスのおかげ**と思ってますけど。

上杉　前傾を深くするのはアスリート向きだ、と。

田村　ええ、まあ。コマだって軸が斜めだと長く回らないでしょう。身体の回転をスムーズにするには、突っ立ったアドレスのほうがずっといいんです。回転しやすいようにラクに構えて、クラブに大いに仕事をさせればいい。踏ん張ったり、我慢したり……身体は何もがんばる必要ないんです。

上杉 でも、まったくがんばらないというわけでも。

田村 回転軸を意識して、シャフトをしならせてヘッドを走らせれば、力なんかいりませんよ。

上杉 そのへんのコツが難しい。それが飛ばしの極意なんでしょうか。

田村 上杉さん、ムチを打つときに力を入れますか？　強くムチ打つためには、力を込めて打つんではなく、手首のスナップを素早く使って先端を大きくしならせる。力ではなく、タイミングで打つんです。だから女性でも強くムチ打てる。

上杉 ムチは使ったことがないんで……。田村さんはよく使うんですか。

田村 ええ、とりわけ夜には……なわけないじゃないですか（笑）。話を戻しますよ。非力なゴルファーがドライバーで飛ばすためには、このムチを

体重移動よりもその場で回転。だから「突っ立ちアドレス」

背中に軸を感じ、その軸を中心に回転するイメージ。前傾が深いアドレスから、上体をねじる動きは、筋力が必要になってくる

軸を意識してその場で回転。アドレスから右を向いてテークバック、左を向いてフォロー。このとき手元は常に体の正面をキープ

打つタイミングが必要です。**ドライバーのシャフトをムチのように使い、先端のヘッドを上手に走らせることができればいい**わけなんです。

そのためには、まず肩や腕に力を入れたらダメ。何度も言うように、インパクトで左手を止めて、手首をスナップさせるように使って、クラブの先端を走らせる。それがクラブに仕事をさせるということです。

そして、さらにハンマー投げをイメージします。もしハンマー投げをやるとしたら、トップの位置はここで、フィニッシュはここで、なんて考えませんよね。

上杉　でしょうね。

田村　ドライバーも同じです。**トップやフィニッシュの位置や形よりも、とにかく大きな回転を考える。回転が大きく速ければ、遠心力が増してヘッドも走り、ボールが飛ぶ。**これが僕の飛ばすコツです。

上杉　でも、ゴルフボールは小さいから、これを打つという作業は、もっと繊細で難しいような気もしますが。

田村　そうですね。でも、ハンマー投げと言っているのはですね、軸さえしっかりしていればヘッドがよく走り、たまたまその軌道上にボールがあってよく飛んでくれる、そんな感じなんです。

上杉　でも飛ばすなら、やっぱり、ある程度は叩かなくてはならないと思いますが。

田村　だからムチのようにクラブを使えばいいんです。ひもの先に重りが付いていて、そのひもがシャフトだと思ってください。そのフニャフニャクラブをタイミングよく振る。

上杉　遠心力にムチですね。さぁ、打ってみます。あ〜、また左に引っかけた。

田村　上杉さんの場合は、まずアドレスの前傾が深い。それでダウンスウィングで身体の回転が止まり、ダウンはヘッドが外側から下り、フォローでヘッドがインサイドに入ってきます。この時、ヘッドが急激に返ってボールが左に飛んでしまうのです。身体の回転を止めず振り子のように、ストレート方向にフォローを出さないと。

上杉　う〜ん。

田村　**フェースを返さずスクェアな状態を保ったまま、振り子のように飛球方向にフォローを出す**んです。すると、ねじれたスピンがかからないから真っすぐ飛びます。

右手首のスナップを効かせると、ストレート方向にフォローを出しやすいですよ。ヘッドも先行するし、一石二鳥です。

⑨ 右ひじを真下に下ろす。これが肝心

田村 （ティショットを打つ）いやあ、飛んじゃってるな〜、ボール。

上杉 なんですか、そのショット。無風状態で300ヤード、いや310ヤード、キャリーで行ってますよ。

田村 そんなに叩いていないというか、叩く力はないんですけどね。あ、そうそう上杉さん、懸案だった僕の飛ばしの謎が解けましたよ。

上杉 なんですか、その興味深い発言は。

田村 いやあ、実は先日ゴルフショップで、スウィング映像を解析してみたんです。今までそんなことをしたことはないんですけど、最近僕の球が飛び過ぎるからって、シーズンオフになった途端、知り合いに連れていかれて……。で、ひと言で言えば、ダウンスウィングがひと味違いました。

上杉 な、何が違うんでしょうか。

田村　ダウンスウィングの右ひじの位置です。右ひじの使い方が、まるでセルヒオ・ガルシアのようでした。

上杉　以前撮影した、後方からの連続写真（54ページ参照）が手元にあるので、ちょっとこれを見てみましょう。おおっ！　これはすごい。右ひじが右わき腹どころか、背中のほうまで下りているじゃないですか。

田村　そのようなんです。

上杉　そのため、腰の高さまで手が下りてきているのに、クラブヘッドは依然として体の後ろ、インサイドに残ったまま。野球のバットスウィングのような水平打法ですね、こりゃ。

田村　特に意識したことはないんですが。

上杉　このクラブヘッドのタメとインサイドからのダウンスウィングが、田村さんの飛ばしの秘訣になっているんですね。でも、これは真似できないなぁ。

田村　そうでもないみたいです。その知り合いもシングルですが、この人が真似をしたらヘッドスピードにして3メートル以上、飛距離にして20ヤード以上アップしました。

あくまでショップでのシミュレーションデータですが、最新鋭のマシンで精度もかなり高いそうです。しかも最初は230ヤードちょっとだったのに、真似をした1球目に250ヤードを超え、5球目にはついに260ヤードも超えちゃったんです。そんなに難しいことじゃないみたいでしたよ。

上杉　やっぱり、トップで右わきを開け、右ひじを高くフライングエルボーにしていることが関係しているのでしょうか。

田村　前にも言いましたが、ボールを曲げたくないので、スウィングプレーンに対して常にフェースを直角にしたままスウィングしたいんです。バックスウィングの最後まで、できるだけそうしたい。その結果、トップで右わきが開いて、右ひじが高い位置に来るんですね。

「田村は変則我流」と揶揄されましたが、その変則バックスウィングのおかげで、非力な僕でも飛ばせるダウンスウィングができ上がったのかもしれません。

上杉　子どものころからの習慣なんですね。

田村　結局、非力な子どもが重いパーシモンを使いこなすには、そうするしかなかった。

手先の力ではどうすることもできないので、**左わきから左腰にかけての大きい筋肉を使って手を引き下ろす。**それが習慣になったわけです。

上杉　トップからは左わきの大きな筋肉を使って、右ひじを真下に下ろしているんですか。

田村　そうですね。レッスン書にはトップで右わきを開けないように書いてある場合が多いけれど、僕の場合、それではダウンスウィングで詰まってしまいます。右わきを開けておくから、左の引っ張りに応じて右ひじが下がり、グリップが下ろせている気がします。

インパクトで余計なことをしない

上杉　それにしても横殴りというか、ヘッドが相当遅れて下りてくるように見えます。それがパワーを生み出すんですか。

田村　実は自分でもよくわからないけど、そうなんでしょうねえ。この、ヘッドをインサイドに残したまま右ひじやグリップを下げた状態が、弓矢でたとえるなら弓を引き切った状態のような感覚です。後は左手を固定したまま指を離せば、弓矢は勢いよく飛んで行くでしょ。それと同じで、僕の場合、後はハンマー投げの要領で何も考えずにスウィングするだけなんです。余計な力は一切いらない。実際、本当に簡単なんですよ。

上杉　でも振り遅れませんか。フェースが開いて右方向に飛ぶ不安があります。

田村　自分でもそう感じた時代があって、知らないうちにタメをあまり作らない振り方になっていました。数年前のスウィングを写真で見ると、ダウンスウィングでの力感がまるでなく、飛距離も250ヤード前後でした。弓矢はいっぱいに引いてしまえば、後は左手を固定して放すだけで勝手に飛んでいきますが、そのころは、放す瞬間に、支えている左手を右手側にわざと寄せて、エネルギーをロスさせている気配がありました。

上杉　でも最近はタメを作る、昔のスウィングに戻ったんですね。それで飛距離が伸びていった、と。

田村　そうですね。ヘッドは大きくなったけど重心距離が短くなったとか、シャフトは長くなったけど先が走ってしなり戻りが速くなったとかのギアの進歩もあって、昔のようにタメても振り遅れなくなりましたから。おかげでこの数年、毎年3ヤードくらいずつは確実に飛ぶようになり、今ではだいたいキャリーで平均270ヤードは飛んでいると思います。

上杉　でも、私の場合、どうしても右ひじがうまく下ろせないんですが……。

田村　右わきをある程度開けておくから右ひじが下ろせていけるのだと思います。

ヘッドはトップの位置のまま。ただ右ひじを真下に下ろす

切り返しで、右ひじを真下に下ろして、インサイドから振っていく。ヘッドをトップの位置においたまま、手元と右ひじを少し背中側に引き下ろしていく

ダウンスウィングからインパクトにかけ、クラブは背面側から正面に向かって出ていく。身体の背面側（かかと）に体重がかかっていないとバランスが取れない

トップで右わきを締めていたら下ろせません。それを無理に下ろそうとすると手が前に出るはずです。**ヘッドを後ろ、背中側に残したまま右ひじを下ろすからタメができる。だから右ひじと右わきの間には、スペースがあったほうがいい**んじゃないか、と。

上杉　そういえば「クラブヘッドを背中の後ろに残してくるような感覚でダウンしている」と、以前、石川遼くんに直接聞いたことがあります。

田村　確かに似た感覚かもしれません。僕は常にかかと体重でハンマー投げの要領で打っていると言っていますが、彼も、かかと体重でコマのようにクルッと回転しているように感じます。

フィニッシュだけを見ても、以前とは違ってシャフトが背中に叩きつけられるように振れています。あれは体軸を中心にして、遠心力を最大限に使っている証拠でしょう。左つま先もアドレスの位置より大きく開いています。

上杉　確かにそうですね。

田村　それから大事なのは、ダウンスウィング以降、特にインパクトで余計なことをしないということです。

弓矢を引いたら、後は放すだけ。年齢や体格によって、タメをどのくらい作れるか、個人差はあるとは思いますが、ダウンスウィングから先は皆、一緒。何も考えずに勢いに任せるだけです。

上杉　僕などは、インパクトで手を返さなくちゃ……とか考えてしまいます。

田村　**手先でどうこうしようとしても無駄**なんです。それではせっかく生まれたパワー、遠心力にブレーキをかけるというか、ロスを生む。たとえるなら、**引いた弓矢の右手を放すだけでよいのに、握ったまま右手で矢を押し込もうとしているようなもの**です。

きれいなスウィングをしている人が飛ばせるのではありません。いかにロスを少なくするかが飛ばす秘訣です。余計なことさえしなければ、平均的な男性なら240ヤードくらいは飛ばせるはずです。

シャフトを縦に使う

上杉 目指すところは、よくわかりました。でもね、もうちょっと簡単な飛距離アップの実現にも、僕らは興味津々なんですね。

田村 というと？

上杉 センター前ヒットみたいな、ランが出るショットも考えたいなぁ、と。

田村 残業ボールですね。

上杉 ん？

田村 正規の勤務時間＝キャリー、残業＝ラン。ランで稼ぐから残業ボール。

上杉 なるほど、サラリーマンの星ならではのたとえです。

田村 それはともかく、ランで稼ぐのはある程度は有効ですが、やはりキャリー自体を伸ばさないと……。

上杉 両方伸ばすということですね。思い切りボールを引っぱたけばいいんですか。

引っぱたく打ち方のほうが、飛ぶような気がしますが……。

田村 逆かもしれませんよ。それだと、ボールの表面で弾いていて、球離れが早くなる。そうなると、インパクトの音や見た目よりも、飛距離は落ちるんです。ソールを滑らすようにインパクトするのが、僕の基本形なのは何度もお話ししましたよね。これ、球離れが遅くなるんですよ。ボールに「飛んでちょうだい」とお願いする時間が長い。すると、飛距離もランも出るものなんです。

上杉 本当ですか？　でも、確かに硬いボールが飛ぶというわけではありませんよね。物理の法則でいえば、硬ければ硬いほどいいはずなのに。

田村 柔軟な発想と進取の精神が必要ですね。僕の場合は、ボールに頼ったことがありました。球離れが早い寒い時期には、軟らかいレディスのボールを使っていたんです。

上杉 おお、素晴らしい思い切り。

田村 そのせいで、いっとき広島ではレディスボールを使う上級者が増えました。

ヘッドにくい付くし、横のブレも少ない。ボールが軟らかいとボールの芯までつぶせるし、つぶれるということは、ボールの重心までの距離が短くなるからスピンがかかりにくいんでしょう。まさに目からウロコでした。

上杉 「カープ女子」のさきがけですね。

田村 違うと思います。で、特に横スピンはできるだけ、かけたくない。ショットのときは、縦回転のバックスピンのほうがまだましですね。

上杉 なぜ？

田村 横スピンはどこまで曲がるかわかりませんが、縦スピンはかかり過ぎても、吹き上がって手前に落ちるだけですから。要は縦のスピンのほうが怪我が少ないんですよ。だから右ひじを真下に下ろし、感覚的にシャフトを縦に縦に使うことになったんじゃないかと思っています。**体の前側で円を描くように縦に縦に、できるだけストレート・トゥ・ストレートにヘッドを動かしたい。すると横のスピンがかからずに、ボールが曲がりません。**

長い時間ボールにお願いできるインパクトにもなって、球持ちがよくなるから飛距離が伸びるはずです。

上杉 ヘッドは返さなくていいんですか。

田村 重心距離が短く、先が走るシャフトを使えば、自然にヘッドが戻ってくれます。もっと飛ばしたければ、重心距離の長いクラブのフェースを返して使えばよいのかもしれませんが、僕には難しいですねえ。どうしても振り遅れてフェースが開いて当たり、ボールが右に行きやすいんです。仮に真っすぐ飛んでもその打率は低いし、フェースを返すスウィングでは、今度はアイアンが引っかかりやすくなります。

上杉 なるほど。ボールにお願いする時間を長く……ですね。

第2章 〝がんばらない〟ラウンド術

⑩ どんなライからでも単純に考える

上杉 かなりきつい、つま先上がり。難しいライから田村さん、すごいナイスショットでしたね。今、何を意識したんですか？

田村 いつもと同じスウィングを心がけただけです。

上杉 何か変わったことはしなかった？

田村 そうですね、いつもよりもクラブは少しだけ短く握りました。それはつま先上がりの斜面だから、ボールと身体との距離が近くなるために行った、特別な方法です。

上杉 特別？ クラブを短く握ることはありますよね。たとえば、アプローチとか。

田村 いいえ。僕はいつもと同じように握っていますよ。

上杉 あれ？ だってタイガー・ウッズだって、アプローチではシャフトに指がかかるくらい、短く握っていることがありますよね。

田村　それは練習量の多いトッププロだから可能なんです。アマチュアがそうした方法を取ると大抵ミスショットにつながります。

クラブを短く握るということは、普段のクラブバランスが変わるということです。短く握れば握るほど、軽くなったように感じますよね。

上杉　はい。支点と作用点の関係ですね。

田村　そう、クラブ自体の重さは変わらないのですが、グリップの位置が変わるということで、シャフトの支点がズレます。そのことによってクラブが軽く感じられて、スウィングのテンポも早くなり、手打ちにもなりやすいんです。

上杉　そうか、だからアプローチになると、アマチュアはとんでもないミスショットが出るんですね。

田村　そうです。クラブを短く握れば、それだけヘッドの重みも感じにくい。すると、つい手先だけの早打ちになってしまい、その結果、トップしたりダフったりします。

上杉　でも、クラブを短く握ればグリップとボールの位置が近づき、結果としてそれだけインパクトが正確になるのではないんですか。

田村　前にも言ったように、ゴルファーには大きく分けて2タイプあって、アプローチではロフトの立ったクラブを極端に短く握って、振り幅を小さくコツンと打ったほうが確実だ、という人もいると思います。

でも僕は違う派なんです。ロフトの立ったクラブということは、元々のシャフトの長さが長いわけだし、それを極端に短く握ると、お腹や太ももにグリップが当たりやすくなりませんか？

それに僕は普段のアプローチやショットと同じように、ヘッドの重みをしっかり感じながら振り子のようにスウィングするほうがやさしいと感じるんです。短く握るとやりづらくてしょうがない。

上杉　短く握ると軽く感じる分、ヘッドが効かないデメリットもある、と。

田村　そうです。だから**アプローチでも、フルショットと同じように普通に握って**

いるんです。同じならばリズムも変えなくていい。それが練習量の少ないアマチュアにとっては有効なんです。たとえるなら、メトロノームでしょうか。

ただ、そのためには、元々のウェッジのバランスは軽めにしておく準備が必要ですが。ちなみに非力な僕のウェッジのバランスは、C9ぐらい。

上杉　でも、さすがの田村さんでも、今のつま先上がりの急斜面ではクラブを少し短く握っていました。振り子のようにスウィングするといっても、ラフからのショットだから芝の抵抗もあるし、やっぱりライ相応の技術が求められるのではないですか。

田村　いやいや、それでも普段と同じような気持ちでスウィングすることが特に大事なんです。あそこは急斜面ですから、少し（1、2センチ）短く握ったんですが、その分スウィングが早くならないように気を付けてショットするだけ。

後はいつものように、ボールに「ピンに寄ってちょうだい」とお願いするだけなんです。

ラフやバンカーは〝がんばらない〟

上杉　では、あのようなラフの斜面では、クラブを短く持つ以外、いったい何に注意を払ってショットすればいいのでしょうか？

田村　そうですね、斜面の分だけ普段のスウィングよりもバランスが崩れやすいということがあります。だから、いつもよりも少しだけ踏ん張ります。

上杉　踏ん張って、思いっ切りラフの芝を刈り取る？

田村　いいえ、下半身はがんばってもいいんですが、インパクト自体はあくまでがんばらないで、「おじゃまします、すみませんねえ」と撫でるような感じが大事です。ラフに逆らってもいいことはありません。

上杉　そうですか？　でも、ショットがラフ芝に負けてフェースの向きが変わってしまえば、元も子もないんじゃないですか。

田村　いいえ。**バンカーやラフなどのハザードからのショットこそ、抵抗に負けま**

いとインパクトでがんばるより、がんばらないでサッとヘッドを滑らすことが必要なのです。

上杉　ガツンと手前の芝を刈り取るようなスウィングは必要ないんですか。

田村　芝を刈り取ろうとするのはダメですよ。ヘッドスピードがない人は必ず芝に負けます。それより「柳に雪折れなし」、非力な人ほど、あくまでクラブのソール部分をダフるように滑らせて、ヘッドを走らせようとすることが大切です。

上杉　斜面も？

田村　もちろん、斜面でも同じです。強いて挙げれば、少しだけフェースを開いて、斜面に逆らわず、斜面を撫でるように上から下方向にヘッドを動かすことができれば、抵抗も少なくなるから完璧ですね。

どんな場面でも、同じ気持ちで接することが大切なんです。特にややこしい場面では、ややこしいことを考えちゃいけない。

アプローチもダフらせる感覚

上杉　田村さんのロブ・アプローチショットは、本当に見事です。ふわっと飛んで、静かにグリーンに落ち、カップに寄っていく。その柔らかいボールを打つコツを、もっと教えてください。

田村　言い換えると、ラフでもどこからでも「線」でとらえればいいんです。

上杉　要するに、芝生にソールを「おじゃまします」させるショット？

田村　はい。上杉さんのようにカツンと打ち込んで、転がすピッチ&ランの手法も確かにアリです。でも、それだと「点」だから難しい。

上杉　難しい？　どちらかというと、クラブフェースをオープンにして、ロブのように打つ田村さんのやり方のほうが難しく思えますが……。

田村　そうですか。そう思うものかもしれませんが、実はこのほうがずっとやさしい打ち方なんですよ。

上杉　う〜ん、フェースをオープンにしてそんなに大きく振ったら、トップなどのミスも出やすくなるでしょう。

田村　そう、だから僕はアプローチでは最初からある程度、意識的にダフらせるように打っています。そうすればトップは絶対ないから。

上杉　わざとダフらせる？　それはないでしょう。バンカーショットだったらそうでしょうが、さすがにアプローチになると……。

田村　いえ、まったく同じですよ。ソールがボールのちょっと手前から入っても、上手く滑らせれば距離もショートしない。打ち込んでしまうアプローチだと、少しでもダフれば、フェース下のリーディングエッジが地面に刺さり、ヘッドが止まって抜けない。距離も出ない。

上杉　田村さんは違うんですか？

田村　クラブの入る位置は手前でも、**フェースを寝かせてアドレスして、エッジからではなく、ソールから滑らせてボールに当てるから、ダフった感覚はまるでない**

ですねえ。

上杉　そんなに簡単にクラブって芝の上を滑るものですか？

田村　はい、滑りますよ。そのためにはフェース面を寝かせるようにして少しオープンにすること。また、後ほど詳しくお話ししますが、できればソールの形は丸みの少ない平らなものがお勧めです。

上杉　アドレスの手の位置（グリップエンド）が右足寄りにあるのは、フェースを寝かせるためですか。

田村　そうセットすることで、ウェッジのバウンスが強くなり、ソールが芝の上を滑りやすくなって、「線」でボールをとらえることができるんです。

上杉（ピンまで30ヤード地点から打つ）あ、本当だ。ずいぶん手前からヘッドが入っているのに、クラブが滑って、ちゃんとインパクトできちゃう。

田村　簡単でしょ？

上杉　はい。でも、手前から入る分だけ、クラブフェースが早めに返ってしまい、

ソールを滑らせる。「線」でボールをとらえられる

フェース面を寝かせるようにオープンにして、ヘッドをボールにセット。左腕を止め、左手首を甲側に折るようにして、フォローを目標方向に真っすぐ出していく。ソールを滑らせるようにして、ボールをとらえる

ボールが左方向に引っかかりやすいんですけど。

田村　そうですね。でも、それは、フォローに気を付ければ問題解決だと思いますよ。インパクトの後、手首を返さず、目標方向にフェースを出す。線でヘッドを走らせる、そんな感じです。以前、フェースというエレベーターでボールを上の階に持ち上げて運ぶと言いましたが、そんな感じで、真っすぐ目標方向にフォローを出す。

上杉　う〜ん、わからない！

田村　じゃ、以前にも言った、インパクトのとき、左腕を止めるようにするというのはどうですか。腕が止まれば、慣性で真っすぐヘッドが走ります。

上杉　止めたら、ボールが飛ばないんじゃないですか？

田村　逆です。ヘッドのほうが走るから、ラフの抵抗も受けにくいし。このとき、決して手首を返さない、つまり左手甲が地面を向かないようにしています。感覚的には**左手甲が空を向き、左手甲が右手の甲より上になる**くらいでいいかもしれません。手首が返ってしまうと引っかけたり、ボールが上がりにくくなります。とりあえず、打ってみたらどうでしょう。

上杉　（同じ場所から打つ）あ！　ボールが高く上がった。何ですか、これ？

田村　ね、簡単でしょ。ソールを滑らせてスウィングし、インパクトで左腕を止めて慣性を利用する。アプローチこそ、これが効果的なんです。

それに「多少ダフらせる」という安心感があれば、意外とダフらないものなんですよ。ゴルフにはそういうアバウト感も必要なんです。そうしないと長くやっていけませんから。

⑪ 平らなソールで滑らせるように打つ

上杉 田村さんのウェッジのソールは真っ平らですね。

田村 はい。平らな形状で、幅もちょっと広めです。ただヒール側のトレーリングエッジを若干削って狭くしています。これは、少しフェースを開く必要があるときに、この部分が効き過ぎて跳ねないようにするためです。

それから、接地しないトウ側のソールも削ります。非力でも感覚が出せるD0かC9といった軽めのバランスにするためです。

上杉 「おじゃまします」と芝にソールを滑らせる、その成功体験のためには、平らなソールでやったほうがいいですか？

田村 ソールが平らなほうが、インパクト時に地面に潜っていきにくいと思います。そうすると、ボールに対する入射角が安定して、インパクト時のロフトが一定になりやすいんですよ。

もうちょっと上級寄りな話をするなら、僕はソールの決まった位置、ややヒール寄りのトレーリングエッジを、常に接地させています。つまり、その部分にだけソール幅とバウンス角が付いていればよいということになります、特殊なショットでない限りは。

上杉　でも、丸いソールのほうがやさしいっていわれていませんか?

田村　逆ですよ。そうですね……、小石での水切りを思い出してください。平べったい石だと、水面でもよく弾くでしょ。その理由は、面が水からの抵抗を受けるわけですが、物理的に水切りは、石の入射角が20度で、面が前方へ10度上向きになっている状態が一番よく跳ねることが実証されています。

一方、丸い小石、たとえばパチンコ玉だと水切りは難しい。水からの抵抗を受ける面がないから浮力が働かず沈む力が強くなるからです。

でも、硬い地面の上では平らな石と同じくらいよく弾きます。つまり、丸いと地面の硬さによって弾き方が変わっちゃうんです。

上杉　なるほど。そうすると、丸いソールの場合、跳ね方にばらつきが出るということですね。

田村　そうなんですよ！　つまり、パチンコ球のように丸いソールは、地面が軟かいと弾かずに入っていき、硬いと弾くのです。地面の状態によって、入り方・弾き方が一定ではなくなるということで、かえって難しくなると思いませんか？

上杉　とても、納得です。

田村　ただしですね、ロフトを立てても寝かせても、地面に接地する部分は変わりますがその丸みは変わらないので、技術のあるプロはそれを利用することもできます。

チュッパチャプスの飴玉を思い出してください。丸い飴玉を地面に着けて、立てた棒を傾けても接地面の丸みは常に同じでしょ。地面の硬さの読みさえできれば、丸いほうがロフトを立てたり寝せたり、ずっと応用が効くわけです。

上杉　そういえば、藤田寛之プロの使っていたウェッジのソールも丸かったような。

彼が「丸いソール」を支持する理由のひとつに、広くて丸いソールはベタッと接地せず、抜けが抜群にいいということがあるようですが。

田村 確かに藤田プロのように、クラブの入れ方をいろいろ調整して打つことのできるプロゴルファーなら、丸いソールのほうが向いているかもしれません。

でも、僕もそうですが、アマチュアゴルファーはそこまで計算できるはずもないので、**地面の質が変わってもソールの跳ね方が同じようになる平らなソールのほうが断然やさしい**と思いますよ。

上杉 なるほど！ クラブとテクニックは、そんなふうにつながっているんですね。

ソール形状でスピン量も変わる

田村 上杉さんのSWのショットですが、いつも安定してませんよね。

上杉 はい。極端に高く上がるときもあれば、低いボールも出ます。距離もバラつきがあり、距離感と言われても、何がなんだかわかりません。

田村　ずいぶんとフェースを開いていますよね。

上杉　60度のウェッジ、米ツアー選手仕様の完璧なアプローチを目指しています。

田村　クラブは同じでも、中身が違いますよ。フェースをそんなに開いてしまっては、距離感は合いません。そもそも、なんでウェッジのフェースを開くと思いますか。

上杉　う〜ん。それはボールを上げるためではないんですか。

昔からウェッジは開いて使うべきものだという認識があって、セベ・バレステロスもホセ・マリア・オラサバルもそうしているから真似していたんです。球も高く上げやすいですし……。

田村　ウェッジのフェースを開くのは、**球を上げるためではなく、左に行かないようにするため**なんです。

ウェッジはロフトとライ角が大きいから、元々一番左を向いたクラブです。だから左方向に引っかけやすい。そのためにフェースを右に向けて、左に行くのを防ぐのです。

上杉　ええっ！　本当ですか。

田村　たとえばアマチュアがプロのような60度ウェッジを使うとしたら、フェースを開かないと左に行きやすく、右を向けて使うと今度はロフトがあり過ぎて、距離感を合わせづらい。だからSWは、56度くらいをちょっと開いて使うのがちょうどいいと思います。また、開くとその分バウンス角も増えることを知っておいたほうがいいですよ。

上杉　バウンスが強くなると、どうなるんですか。

田村　これはあまり知られていませんが、ソールの形状やバウンス角がその人の打ち方に合っているかどうかで、スピン量は結構変わるんです。確かにフェース溝の形状はスピン量を決める大きな要素ですが、それだけではないのです。**ソールやバウンス角が合ってないと、インパクト時にソールが地面に跳ね返されてフェースが振動し、スピンがほどけやすい**のです。

上杉　スピンがかかりにくくなるということですか？　ソールやバウンス角が合っていないと。

田村　そうです。さらにウェッジは、グリップの入り方が重要です。ちょっとでもフェースがかぶるようにグリップが入っていると、フェースを開いたときに、強烈なストロンググリップになるので、上手く打てないはずです。

僕の場合は、少しフェースを開いたときに、グリップがスクェアになるように入れています。

上杉　うむむ。

田村　右手首のスナップを使ってヘッドを先行させ、「おじゃまします」という感じでやさしくソールを滑らすスウィングを行うんです。それには、これでちょうどいいんです。

ついでに言うなら、フォローは真っすぐ出してくださいね。インサイドにカット気味にフォローを出すと、ボールの下を潜って大ショートしたり、上手く当たってもスピンが強くかかって止まり過ぎたりと、距離感が出にくいからです。**構えたロフトどおりにインパクトし、飛球線方向に素直にヘッドを出すと、スピン量や打ち出し角も安定**してきます。

⑫ グリーン周りも振り子イメージ

上杉 それにしても、田村さんは実に簡単そうに打ちますよね。

田村 簡単ですよ。だって簡単に打っているんですから。上杉さんは、難しく打ち過ぎているんですよ。

上杉 そんなことないですよ。たとえばヘッドを上から打ち込んで、ボールをクリーンに打つ。あっ、ダフったぁ～。10センチはダフりました。ひどい状況だ。

田村 そこなんです。多くのアマチュアゴルファーはダフらないようにしよう、クリーンにきっちりヒットしようとして、身体が硬くなり、かえってミスショットを生む結果になっています。でも、ダフらないようにするのではなく、むしろ**ボールの20センチくらい手前から、ダフらせるくらいの気持ちで打つことが逆にいい結果を生む**ことになるのです。

上杉 田村式「がんばらない」ショットということですか。でもどうしても、それ、難しい気がするんですが……。

田村　ダフるという言葉が嫌なら、クラブのソールを20センチ手前から滑らせるという表現ですね、さっきから話しているように。そう考えると、変に硬くならずに自然にスウィングできるものなんです。

上杉（アプローチで試してみる）おわっ、なんだ、この柔らかいボールは。勝手にロブショットになってるじゃないですか。

田村　ねっ!?　上杉さんもおおむね、左手がインパクトで止まるようになってきましたから、上手くソールを滑らせられるんですね。**わざと手前をダフらせるショットはミスの許容範囲が大きいうえ、ロブのようにボールも高く上がり、さらに曲がりも少ない**んです。

ウェッジのソールっていうのは結構、芝の上で滑るものなんです。なのにダウンブローにクリーンに打とうとか、ボールを上げようとしてすくい打つとか、いろいろ余計なことをするから、トップしたり地面に弾かれたりするんです。

上杉　一回上手くいくと、なんだか、アプローチが簡単に思えてきました。でも、これ、夏のフカフカの芝だから可能なんですよね。冬のフェアウェイだと、こうはいかない。

田村　ちょっと勇気が必要かもしれませんね。でも同じですよ。振り子のようにスウィングしてソールを滑らせるやり方を習得してしまえば、どこからショットしようが同じです。むしろ、きっちり入れる必要がないから、逆にきっちり入るということもあるんです。

上杉　確かに打感が違いますね。

田村　アイアンはとにかくダフらせる。藤田寛之プロもそんなことを言っていました。

これはプロのショットでも実際にそうなっているんですよ。あるトーナメントのテレビ放送で、海外のトッププロたちのアイアンショットのインパクトのアップをスーパースローで再生していましたが、どのプロも手前からダフって「ズルズルズル」になっていました。びっくりすると同時に、「なんだ、やっぱりダフればいいんじゃん！」って、すごくラクになりましたよ。

上杉　なるほど。それにしても、ボールが本当によく上がりますね、この田村式ダフリ打ちは。でも、まだヘッドが地面に跳ね返されてトップするのが怖い。

田村　バンカーでのエクスプロージョンショットの要領ですよ。ボールの手前からヘッドを入れる。

上杉　恐怖心をなくして、上手くソールを滑らせていくイメージはないんですか。

田村　イメージですか……。あっ、ありますよ、とっておきのが。

上杉　どんな？

田村　昔の土曜日夜8時の「イメージ」です。名付けて、必殺「ドリフ打ち」。フェースを返さず思い切ってダフる、「ババンバ・バンバンバン・ショット」、宿題やれよっ！　つまり、「ドリフのビバノン音頭」のように手を水平に左右させるイメージでダフるんです。

地面を掃くようなイメージは この動きで出してみる

ビバノン
音頭の
ように
気楽に
地面を
掃くんです

きっちりヘッドを入れるのではなく、クラブのソールで地面を掃くようなイメージで、意識的にボール手前からダフらせて振ってみる。手を水平に左右させる動きのイメージが肝心

上杉　あの〜、先に上がっていいですか、僕。

田村　ほんとほんと。ババンバ・バンバンバンとウェッジのソールで、地面を掃くようなイメージで振るんです。入射角をフラット気味にすれば、ヘッドがスムーズに滑ります。

やってもらえばわかりますよ。逆に、畑を鍬で耕すように上から鋭角にヘッドを落としたらヘッドの刃から地面に入り、ヘッドが芝にのめり込んでいくでしょ。これが本当のダフリです。

上杉　うーん、今までダフってはいけないという強迫観念で、かえって身体を硬くしていたんですが、田村さんの言うことはまったく逆。「ダフりなさい」なんて聞いたことないですから。これからはダフる練習をしなくっちゃ。

振り子のようにスウィングして、ボールの20センチくらい手前からソールを滑らせる

ショットやアプローチと同じ構え。文字どおりエクスプロージョンショットで、ボールの手前からヘッドを入れる

アプローチもバンカーも
同じ構え、打ち方。だからやさしい

アプローチショット

バンカーショット

⑬ 距離感の出し方

上杉 ところで、田村さんがバーディをたくさん取れるのはなぜですか？

田村 思った距離を打つということはできているかな、と。

上杉 ポイントはアイアンですよね。でも、どうやって？

田村 まず、幸いなことに、僕の場合は、番手と番手の間の差が大きくないんですよ。

上杉 ん、どういうことですか？

田村 つまり飛ばし屋と違って、距離カンを出しやすいんです。

上杉 距離感？

田村 いえ、距離勘（カン）、と言ってもいいかもしれません。番手と番手の間の中途半端な距離のショットや100ヤード以内のアプローチで、飛ばし屋の選手よりも正確な距離感を出しやすいんです。

上杉　はい。

田村　僕は9番アイアンで125ヤード、3番アイアンで205ヤードしか打ちません。80ヤードの距離を7本のクラブで打ち分けるので、それが有利に働いています。これが飛ばし屋だと、たとえば9番から3番アイアンまでの100ヤード幅を、7本で打ち分けることになる。それだけ難しくなるわけです。

　僕の場合、ドライバーと3番ウッドは手首をスナップさせて、飛ばすだけ飛ばしていきます。ドライバーで300ヤード、3番ウッドで260ヤード打つこともあります。でも、UTやアイアンはグリーンを狙うクラブなので、リストワークやフェースローテーションを使わずに、方向性を考えて真っすぐフォローを出すようにしています。

上杉　飛ばないから有利とは、またえらく楽観的な。

田村　実はプロでもフルショット以外では距離を合わせにくいんです。まさにそれこそ「勘」の世界なんですよ。

上杉　プロでもそうなんですか。

田村　だと思いますよ、よほどのプロでない限り。番手と番手の間の距離に対し、アイアンショットで思いどおりに距離を合わせるのは本当に難しいみたいです。

たとえばこんなこともありました。ある試合の練習ラウンド。私と一緒に回っていた2人のプロがいました。打つ前に悩んだあげく、アイアンをフルショットしてショートしたプロが、一緒にいた先輩プロに尋ねたんですね、「大きめのアイアンでコントロールして距離感を出すにはどうすればいいんですか？」と。

上杉　ほお。

田村　そうしたら、先輩プロはこう答えたんです。「オレに聞いてわかるわけないだろう」って。

上杉　ははは。

田村　そもそも、フルショットのキャリーの距離ですら、その日の調子によってだいぶ変わるんです。

上杉　なぜですか？

田村　もちろん、風や気候、ライなどの自然環境の影響もあります。でも、もしそれがまったく同じだとしても、体調や微妙なスウィングの変化でキャリーの距離は日によって変化するものなんです。ですから、ラウンド中のその場その場でそれらを一瞬に判断して、アイアンの番手を決めなければならない。だから「勘」なわけですよ。

「これだ！」とひらめいて、バッグからクラブを抜くときは、一種の快感でもある。しかし、フルショットですら日々距離が変わって難しいんですから、コントロールショットならなおさら。聞かれたって答えようがないという気持ちもわかります。

振り幅の調整はスタンスで

上杉　そうは言っても、ラウンド中、必ずコントロールショットの機会はありますよね。田村さんが、どうやって距離を調整しているか気になるところです。やはり、クラブを短く持つのが手っ取り早いと思うんですが。

田村 いや、前にも言ったように、僕の場合は、よほどのつま先上がりでない限りは、どんなショットでもクラブを短く持つということはしません。

上杉 確かにそうですね。グリーン周りのアプローチですら、グリップエンドにかかるほど長く持っていますからね。

田村 そうなんです。短く握るとクラブのバランスが変わるから、いやなんですよ。とにかく距離感はスウィングの振り幅で調整するようにシンプルに考えています。なぜなら、**すべてのショットが振り子運動だと思っていますから。振り幅が小さくなればヘッドスピードはそれに応じて落ちます。だから距離も落ちる、**というわけです。

上杉 でも、その振り幅が難しいんですよ。ついトップが深くなったり、あるいは浅くなったりして距離が合わない。

田村 振り幅を調整することはすぐできますよ。僕の場合は、左足のオープンの度合いで調整しています。

上杉　それはオープンスタンスにすれば、ヘッドの軌道がアウトサイド・インになり、自然にサイドスピン（バックスピン）が多くかかってボールが上がり、飛距離が落ちるということですか。

田村　違います。軌道やサイドスピンで飛距離を調整するわけではありません。

上杉　だって、オープンスタンスならば自然に……。

田村　僕の場合は、左足を後ろに大きく引いても、スウィング軌道は変わらないんですよ。左足のオープンの度合いを強めても、腰から上の向きをいつも変えないようにアドレスしているので、スウィング軌道も同じなんです。

上杉　では、なんで距離が変わるんですか。

田村　僕の場合は、ひざから下だけはオープンになっています。そのためにフルショットしたつもりでも自然に体の捻転が小さくなり、大きく振れずに飛距離が落ちるんです。トップが小さくなるように、左ひざにリミッターを設定した感じかな。

だから球筋は同じままなんですよ。これがいつもと同じように振っているのに、距離を落とす秘訣です。

もちろんオープン度合いによって、トップの大きさは変化します。で、そのオープンの度合いと飛距離ですが、これは「勘」で、いろいろ試行錯誤して、やってもらうしかないでしょうね。

⑭ ボールの〝住む階〟をしっかり観察

田村 フェアウェイでナイスショットしたつもりなのに、意外にショートした経験はありませんか。ちょっとボールが浮いている分、クラブフェースのちょっと上側に当たって、思ったよりも飛ばなかった結果、「ちょいダルマ落とし」です。

上杉 ありますね。しょっちゅうあります。

田村 ボールがどのへんに住んでいるかをショット前に見極めることはとても大切なことなんです。

上杉 ボールが住んでいる？

田村 日本では、芝生の上のボールはほとんど2階以上の高さにあると思っています。

上杉 意味がわかりません。2階ですか？

田村 そう。6インチなんてやると、3階だってありうる。これ、地面に対するボールの高さを表す意味です。

日本の高麗芝は腰が強く立ちやすいので、ボールが浮きやすい。短く刈ったフェアウェイにボールがあったとしても、相当浮いていますよ。仮に高麗芝のラフの長さ（＝高さ）を5階建てとすると、ボールは3階くらいの高さにあることが多い。沈んでいてもせいぜい2階あたりです。

ラフからのSWのショットでも、ときどきダルマ落としを経験するでしょう？実際は3階にボールがあるのに、「沈んでいる」と勘違いして、1階か2階にフェースを通すからです。それを防ぐ意味で、日本のコースではバウンスの強いウェッジが有効というわけ。バウンスという下駄を履いていると、必ず2階以上をフェースが通るんですよ。

上杉　だから米ツアーの選手の真似をして、グリーン周りでウッドを使うと、フェースの芯に当たるから、勢いよく飛んじゃうんですね。

田村　そうです。しかも元々のシャフトの長さが長いから、少々短く握っても、ヘ

日本の芝はボールが浮く。2階、3階が多い

日本の高麗芝では、よく見ると、フェアウェイでもこんなにボールが浮いている。芝の長さを5階建てとすると、3階くらいの高さにあることが多い。どの階にボールがあるのか、チェックすることが大切

ッドスピードが出やすい。これが米国のティフトンやベント芝だと、だいたいボールは1階に沈んでいるから、フェースの下のほうに当たって、それほど勢いよく飛んではいかない。

なおかつソール面積が広いから、粘っこい芝でも適度に滑ってくれるんです。だから米国では特に有効な打ち方になるのでしょう。日本人がウッドを使ったアプローチをあまりやらないのは、そういうわけです。

ヘッドが通る高さをイメージ

上杉 しかし、浮いているボールを打つなんて、なんだか難しそうですね。

田村 いえいえ、逆に簡単です。

上杉 え、なんで？

田村 だって、そうでしょう。ボールが浮いているということは、ティアップしているのと同じなんですから簡単です。日本でゴルフをしている限り、ディボット跡以外は地面の上からボールを打つ必要はないんです。

上杉 ん？　ん？

田村 う〜ん、そうですね、上杉さんは米国でゴルフをしたことがありますか？

上杉 はい。最初はラスベガスのゴルフ場、もう20年以上前になります。

田村 フェアウェイの芝生はどうでしたか？

上杉 粘りのあるベント芝かバミューダ芝だったような記憶があります。

田村 そうです。その柔らかい芝生こそ、米国など海外のゴルフコースの特徴です。そうしたベント芝などでは、1階部分、つまり地面の高さにボールがあることが多いのです。

上杉 そういえば、海外でゴルフをしていると、フェアウェイでもボールが沈み込んでいるような感覚がありますね。

田村 はい、海外のコースのボールが芝に沈み込んでいるようなライで、はじめて地面、1階部分にボールがあると言えるのです。

上杉　なるほど。

田村　とにかく**2打目以降、芝の上からボールを打つときは、ボールがどの階に住んでいるか、どの高さにあるか、必ず意識をしておかなくてはなりません。**それでフェースの通る高さを想定するのです

上杉　ボールの高さや芝質が違うと打ち方も変わるのですか？

田村　いえいえ、打ち方は変えません。フェースがどのへんを通るかをイメージするだけです。ティアップしたときに打ち方を変えないのと同じです。

上杉　まったく同じですか。

田村　同じです。レベルブローな打ち方が身に付いていれば、スウィングを変える必要はまったくないでしょう。僕の場合は、元々前傾が浅く、コマのように回るスウィングが自然に身に付いているので、それしかやりません。

上杉　ということは、田村さんのスウィングは高麗芝用のスウィング。では海外に出てベント芝だったら？

田村　確かに、海外に限らずベント芝の多い北海道でも、最初はボールが沈んだように感じます。でもスウィングは変えませんね。強いて挙げれば、ウェッジをバウンスの少ないものに替えることがあるくらいです。

上杉　そういえば、田村さんは普段からバウンスが強めのクラブを使っていますね。確か高麗芝用として、下駄を履かせた2階以上対応ウェッジでしたね。

田村　はい。それを洋芝で使うと、今度は下駄（バウンス）が邪魔で1階の高さをフェースが通りにくいのです。だから多くの海外ブランドのウェッジは、1階のボールを拾えるようにバウンスが弱めで、かつ芝の抵抗を受けにくい小ぶりなティアドロップ型が主流なのです。

上杉　なるほど。

田村　多くの日本人プレーヤーが、「ボールはいつも1階」にあると思って打つことがミスの原因なんじゃないでしょうか。それは普段の練習でボールの浮いたライばかり練習しているから。いざコースに出るとボールが沈んでいるように感じ、余計なプレッシャーを感じます。
だから練習場では、人工芝のマットじゃなくてスタンスを取る場所にボールを置いて打つんです、僕は。難しいライでレベルブローにソールを滑らせてやる練習ですね。

上杉　おお、それは今度、見せてもらわないと。そして、前に聞いた「ごめんなさい。おじゃまします、芝生さん」という感じでソールを滑らせる、あのスウィングですね。

田村　そうです。多少手前からダフらせるつもりでアバウトにスウィングすれば、当たりますよ。日本のコースでは打ち込んだりせず、決してがんばらないことが大切です。

15 練習嫌いの練習場の使い方

田村 今日は練習場に行こうって、いったい、僕に何をさせるつもりなんですか？

上杉 いや、他でもない、ゴルフの練習です。

田村 そうですか……。これで1球打って、「やっぱり今日は調子悪いから帰る」って言ったら怒られますよね（笑）。

上杉 当たり前です。ほら、周りをみても、熱心に練習される方が多いですよ。

田村 多くのゴルファーは練習でがんばり過ぎます。プレー前夜に一夜漬けで何百球も球を打って、それで結果がよくなると思っています。でも、コースと練習場は基本的に別モノですから、練習場でナイスショットすることが、即、スコアアップになるとは限りません。もっともなるべくコースに近い状態で練習すれば、成果は上がると思いますが。

上杉 まぁ、取りあえず練習を始めましょうか。あれ、やっぱり……。この前そう言ってはいましたが、やはりそんなところで打つんですか！

田村　はい、僕はマットではなく、スタンスを取る打席のところに置いて、打つんです。

上杉　また、なんで？

田村　マットに置くと、練習場によっては、ボールの位置が足の位置と同じ高さではなくなりますよね。マットのほうが高くなる場合が多い。それにマットは長い人工芝の上にボールが浮いて、実際のコースよりずっと簡単です。それを認識しないで打つと、微妙にスウィングの感覚が違ってきてしまいます。

上杉　なるほど！　練習嫌いだからこその、横着な気配りですね。

田村　最近は打席も人工芝になっているから、マットに置く場合のライに比べてひどく打ちづらいことはありません。むしろ芝が短いから、実戦向きです。**練習場ではなるべく、〝5階建ての1階〟相当の場所を探して、そこにあるボールを打つほうがいいんです。**人工芝マットの上のボールでは、どうしても2階、3階の球を打つ格好になりますので。

上杉　確かにそうです。

田村　この位置なら芝も短いので足場とボールの高さが揃うから、払うように打つ練習ができます。今のクラブとボールは、性能からしてダウンブローに打ち込む必要のないものがほとんどですから。レベルブローにボールをとらえることで、スピン量も安定します。

上杉　練習場の打席がゴムや土などの場合は、マットで打たなければいけないと思いますが、マットの上にボールを置いて打つ場合は……。ちょっと置いて打ってもらえますか。

田村　はいはい。

上杉　あの～、田村さん、なんでそんなマットの一番後ろの端っこにボールを置いているんですか。少しでも手前をダフったら危ないんじゃないですか。

田村　マットの後ろの端にボールを置く理由はちゃんとあるんですよ。

上杉　大ダフリ防止ですか？

田村　それもありますが、目的は、あえて難しいシチュエーションを体験することによって、コースでのショットを簡単だと錯覚させることと、正確な構えや心地よいスウィングの動き、リズムを体に覚え込ませることにあります。

マットの白ラインは無視する

上杉　やさしい状況の練習はダメなんですか。

田村　そう思います。練習場では、多くの人がマットの前のほうや芝がへこんでいないところにボールを置きますよね。

上杉　はい。僕もマットの一番前に置いて、ダウンブローに打ち込む感じで練習しています。そうするとクラブヘッドの抜けもいい感じですから。

田村　そういう人が多いでしょうね。でも、それだと実のある練習とは言えません。

上杉　でも、いいボールが出ます。

田村　それそれ。多少手前からヘッドが入っても、マットでは簡単にソールが滑ってミスショットになりにくいから、上手くなった気になるでしょ。それでコースに行って手前から入るとそうはいかないから、「あれれっ？」ってなっちゃう。

上杉　うん、なっちゃう。

田村　逆に**マットの後ろにボールを置くと、1点にヘッドを落とさないといけないという意識でボールを打ちます。**慣れてくると、コースで多少ライが悪くてもラクな気持ちで打てるはずです。すると、ミスショットも減る。

上杉　でも、やっぱり、マットの一番後ろは怖いですね。ダフって手首を骨折しそうです。僕は普通のマットでいいもん。マット・デイモン！　かっこいいじゃないか。どうですか？

田村　……。ま、無理しないで。つまらないギャグを言うくらい自信がなければ、普通の位置で。怪我をしたら大変です。

上杉　では、田村さん、そろそろ打ってみてください。お願いします。

あの〜、田村さん、どこ向いているんですか。だいぶ右の方向を向いていますよ。

田村 目標方向ですが。スクェアですよ、ちゃんと。

上杉 いえ、完全に右を向いています。スタンスのラインがマットと平行じゃないですよ。

田村 これはわざとです。練習場ではラインが入っているマットが多いですよね。でも、コースの芝生に白いラインが入ってますか？

上杉 そんなコースがあったら私もトップアマです。

田村 僕がいつもやっている逆T字のアドレスを常に意識しようと思ったら、マットのラインはむしろ邪魔です。

ナイスショットを打つためには常に、ボールの位置を中心とした逆T字のアドレスを取ることが必須で、方向は二の次です。まずはナイスショットの下地を作る、そして、方向性という味付けをすればいいんです。

上杉 なるほど、なるほど。多くのアマチュアは構えができていないのに、方向性

練習場ではあえて難しい状況を。コースでのショットが簡単になる

打席のマットにボールを置き、最も難しい「1階に住むボール」を練習しておけば、コースに出たとき、すべての階数に対応できる

練習場では、正確な構えや心地よいスウィングを身体に覚え込ませることも大切になってくる

を求めてしまう、ということですね。

田村　ナイスショットができる体勢を作ってからじゃないと、いくら方向性を考えても仕方がないでしょ。でも、練習場のマットには白いラインがあるから、どうしてもそれに合わせて構えてしまい、逆T字が崩れることが多いんです。

上杉　なるほどなるほど、さらになるほど。

田村　だから、なるべくそのラインを意識しないで済むように、ラインから離れている所にボールを置く。そこで常に逆T字で構えられるようにする。これがコースでもできるようになると、ナイスショットの確率が上がります。方向がズレても、多少フェアウェイやグリーンを外すだけです。

上杉　でも、ついつい方向性も正確にしたくなるものです。

田村　それでは、今度は逆に**ラインの上にボールを置いて、ラインが向いてない方向に目標を定めて練習すればいい**のです。

なぜかというと、コースでは景色やティマークの向きなど、狙いを狂わせる要因も多く存在します。そういうものに惑わされないような練習になるのです。まずは邪魔になるものを消す練習、それから邪魔をされても惑わされない練習、ということです。

とはいえ、私に言わせれば、練習はそんなにたくさんすればいい、というものではありませんけどね。

⑯ 風との上手い付き合い方

上杉　強い向かい風の中でのプレーは、心理的にも厳しいものです。アゲンストでのドライバーショットのとき、田村さんは何か特別な工夫でもしているんですか。

田村　いつもと同じです。

上杉　それじゃ話にならない。何でもいいから、へ理屈を語ってくださいよ。

田村　へ理屈って……。いや、**本当に風が吹いているときこそ、いつもと同じようなリズムやテンポでプレーすることが大事**なんです。特別なことをするから失敗するんですよ。

上杉　アゲンストのときは、ティアップを低くして低いボールで攻めると習いました。

田村　トッププロならばまだしも、アマチュアがそこまでする必要はないでしょう。風のときこそ、逆らわずにがんばらないことです。

上杉　そうですか。でも、僕は風をつんざく低空ボールでいきますよ。ほら、ハル・サットンのように。(向かい風の中、低いティアップでドライバーショットを打つ)　あっ、吹き上がった。あーあ、200ヤードも飛んでいないや。

田村　完全に風に戻されましたね、上杉さん。このパー4は厳しい状況になりました。

上杉　見ればわかります。それにしてもなぜ?

田村　ティアップが低いんですよ。向かい風のときでも、普通のティアップでいい。むしろ変えるとしたら、ティアップを高くします。

上杉　向かい風のときにはティを高く?

田村　そうです。風のときに工夫をするとすれば、**アゲンストの風のときはティを高く、逆にフォローのときは低く**しています。

上杉　逆……じゃないんですか?

田村　いや、間違いない。たとえば、今の上杉さんのティショットは、ティを低くしたために、かえってボールを上から打ち込むショットになってしまいました。また、スウィートスポットよりもやや下側にボールが当たったので、ヘッドの機能上、バックスピンも多くなった。その結果ボールが吹き上がり、向かい風に押し戻されることになったのです。

強いアゲンストでは〝がんばらない〟

田村 では、ティアップを高くして打つとどうなるか。打ってみましょう。

上杉 おおっ、わりと低弾道！　しかもこのアゲンストの中、距離も出ている。270ヤードは飛んでいるんじゃないですか。

田村 こうやってティアップを高くすれば、まずフェースの上側に当たりやすくなります。**スウィートスポットの上部に当たれば、打ち出し角は高くなるけど、バックスピン量は減り、弾道の最高到達点は抑えられる**のです。さらにティアップが高いとレベルに振ろうとするので、心理的にもプレッシャーを受けにくく、結果としてナイスショットが出やすいのです。

上杉　ところで、さっきフォローの風のときも、何か変なことをするっておっしゃっていませんでした？

田村　そうですね、追い風でも普段と変わらず、同じティアップの高さで、同じように打つことが大事なんですが、何かやるとすれば、フォローの場合にはティアップを若干低くしたほうがいいでしょう。

上杉　スピンがかかったボールを風に乗せたほうが、距離が出るからですか。

田村　そうですよ。フォローでは後ろから押してもらう時間を長くするために、より高層の風に乗せてあげる必要があります。そのためには、ボールに浮力を与えてやったほうがいい。だからバックスピン量を増やしてあげるんです。

さっきの上杉さんのショットのように、ティアップを低めにすれば、上から打ち込むようになり、またスウィートスポットの下側に当たりやすくなるので、バックスピンが多くなります。そうすれば、ボールは高く上がろうとする。それを風が後ろから押そうとする。その相乗効果で、着弾点がかなり先になることが期待できるのです。

上杉　スピン量を増やすのではなくて、最初からティアップを高くしてアッパーブローに打つのはどうでしょう。

田村　打ち下ろしのホールでは、ランが期待できるのでそれでもいいでしょうが、平坦地や打ち上げホールでは、バックスピン量が少ないと追い風にボールが叩き落とされて、キャリーが出ないことが多いのです。

たとえるなら、野球のフォークボールかなぁ。ストン、と落ちちゃうでしょう。あれがスピン量が足りない球の末路です。

上杉　なるほど。納得できました。

田村　あくまでも、いつもどおりのスウィングが基本だと思います。風が吹くとゴルフは難しくなる。だから、できるだけややこしいことはしない。

ただ、クラブヘッドの機能など科学的なことも、知らないよりは知っておいたほうが心理的にも有利だ、ということです。多くのゴルファーはいつもと違うゴルフをしようとして、さらにゴルフを難しくしている。それがもし、勘違いして逆のことをしていたとすると……大叩きも必然だと思いますね。いずれにしても、特に強いアゲンストのときこそ、がんばらないゴルフですよ。

上杉　向かい風ほどがんばらない……。それが難しいのが人生です。

田村　平常心というのは人間にとって大変難しいことですよねぇ。僕が言えるとしたら「人間、背伸びをするのはよくない」ということでしょうか。

逆風を気にとめないことです。**風が吹けば難しくなって、その分スコアが悪くなるのは当たり前って気持ちがいい**んじゃないでしょうか。

⑰ ユーティリティのやさしい打ち方

上杉　ユーティリティクラブ（以下ＵＴ）を、田村さんも使っていますよね。

田村　19度表示のＵＴを入れています。リアルロフトは17度で、３番アイアンの上、2番アイアンか5番ウッドに相当するクラブです。それで２１８ヤードまでキャリーで打つことができます。もちろん平坦で無風の場合のキャリー距離です。

上杉　21度など、他のロフトのＵＴは使わないですか。

田村　試合のときに何本か試してみましたが、僕の場合は元々弾道が高いので、ＵＴより３番アイアンのほうがいいと思いました。
　ＵＴの上は３番ウッドになるんですが、３番ウッドは２４０～２６０ヤード以上打つこともあります。

上杉　すると２１９～２３９ヤードの距離はどうするんですか？

田村　僕の中では、ＵＴを含めたアイアンはグリーンを狙うクラブで、ウッドは行かすだけ行かすクラブ。だから、19度のUTがグリーンを狙う限界です。ドライバーや3番ウッドは、できるだけグリーン近くまでボールを運ぶクラブになります。

上杉 どうして4番ウッドでグリーンを狙わないのですか。

田村 ウッドは球が上がり過ぎるんです、僕にとって。

上杉 なるほど。それでは、UTを打ちこなす秘訣を聞いてみたいです。

田村 **UTもウェッジのロブショット感覚で打つ**ようにしています。UTはグリーンを狙うクラブなので、アプローチをイメージすると上手くいくんです。もちろん、アイアンショット全体もウェッジ感覚です。

上杉 ウェッジのように……それができれば、いいんでしょうけど……。

田村 決して難しいことではありませんよ。本当に、ウェッジでロブショットを打つ感覚そのままなんですから。

結局これも、**右手のスナップを効かせてヘッドを手元よりも先行させる**んです。ボールの手前の芝生に「おじゃまします」という感じで、飛球方向に真っすぐ、ソールをやさしく滑らせる感覚でフォローを出せばいいんです。フェースも返そうとしません。

UTはクラブ自体が長いから入射角はスウィープになり、かつソール幅が広いから、多少ヘッドが手前から入ってもボールまで上手く滑ってくれます。だからウェッジより簡単にロブショットが打てます。

それにソールを手前から滑らせる感覚があると、「ここにヘッドを入れなくては！」「クリーンに打たなくては！」というプレッシャーがなくなり、かえってナイスショットしやすいんです。

上杉　なるほど。

田村　飛ばすクラブであるドライバーの場合は、ボールをつかまえる打ち方がいいのかもしれませんが、UT以下のグリーンに乗せるクラブは運ぶように打つイメージがいいですね。

UTからウェッジまでは、いつも言っている「逆T字アドレス」の位置にボールを置いて、あくまでもヘッドを返さず目標方向にフォローを出す打ち方です。ソールを滑らせるようにして使うから、縦方向にスピンがかかり、ボールが曲がらない。ピンまでキャリーで運ぶイメージも大切です。

上杉　運ぶように打つか……。でも、そうは言っても、なんか打つたびに距離が違ってしまうのが現実なんですぅ……。

田村　それは各々のクラブの距離を把握していないからだと思いますよ。確かに打点やスピン量が一定しないと、距離はばらつきやすいとは思いますが、「運ぶ」感覚をいつでも出そうとすれば、距離も安定するはずです。

運ぶクラブは、狙うクラブですから飛ばす必要はありません。飛ぶよりも、いつも距離が合うことが重要です。

上杉　アイアンでも、つい飛ばしたくなります。

田村　アイアンの飛距離を誇るほど愚かなことはありません。ランも含めた距離を自分の距離として覚えているゴルファーをよく見かけますが、僕はUTを含むアイアンはあくまで「キャリー＝飛距離」です。キャリーの距離で覚えていないと、手前にバンカーがあったりするので、直接グリーンが狙えないからです。

上杉 なるほど。アイアンの飛距離も、がんばらないことを実践しているんですね。

田村 ただウッドは、がんばってもいいと思います。ホールのデザインにもよりますが、運ばずに、思い切りつかまえてできるだけ飛ばすことがあってもいいと考えています。

マックスのトータル飛距離は3番ウッドで260ヤード、ドライバーで300ヤード、ミニマム飛距離より20〜30ヤード余計に行かせるんです。

上杉 そんなに飛ぶんですか？ ティアップするドライバーのつかまえ方はわかりましたが、地面のボールを打つ場合の3番ウッドは、どうやって20〜30ヤードも伸ばすんでしょうか。

田村 元々僕の3番ウッドは、リアルロフト12度の小ぶりで重心距離が短く、操作性があるタイプなんですが、他のクラブと同じように運ぶとキャリーは235ヤードです。ここからマイナス5ヤードのキャリー230ヤードに抑えるには、「おじゃまします」の感覚を強くして、ヒール側から先に「おじゃま」するようにしています。するとフェースがちょっと開いて当たるから、キャリーが落ちランも少なくなる。

逆にランも入れて260ヤード行かせたいときは、ソールの「おじゃま感」をなくして、今度はフェースのトウから「おじゃま」させています。するとフェースがかぶり気味に当たるので強い球になって、なおかつフック回転がかかってランも出ます。

上杉 UTにも応用できますよね。

田村 もちろんです。ただし気を付けないといけないのは、万人に共通ということではなく、人それぞれだということです。

僕の場合はボールが上がりやすいスウィングなので、ロフト少なめのUTでいいのですが、ボールが上がりにくい人は、やはりロフトが大きめなものを選んで、クラブにボールを上げてもらわなければなりません。UTより7番ウッド、9番ウッドのショートウッドが有効ではないでしょうか。

上杉　ぜんぜん飛ばずに地を這う2番アイアン……私もそろそろこの「迷器」とお別れですね。

田村　そんなの入っているんですか。早く外してください。

⑱ ややこしい状況こそシンプルに

上杉　斜面からのショットがまったくダメなんです。つま先下がりは、トップかシャンク、逆に、つま先上がりは、ダフってばかり。見事にミスショットの繰り返しなんです。

田村　上杉さんは、少し難しく考え過ぎなんじゃないですか？　特別なことをする必要ないのに。

上杉　いえいえ、そうは言うけど、傾斜があるということは、ボールまでの距離、クラブのライ角など、あらゆる点が変化するじゃないですか。普通に、というわけにはいきません。

田村　だからこそ、自分から変化しないほうがいいんです。変化には変化で対応するのではなく、**変化にはどっしり構えて辛抱することが大切。何ごとも、逆らうのはよくない。**

上杉　ここも、ちょうどつま先下がりのライです。打ってみますから見ていてください。

えっと、クラブを長めに持って、腰を落として、スライスを計算に入れて少し左を狙って……。うわっ、トップした！

田村　なるほど、それではミスショットしますよねぇ。つま先下がりはフェースのトウ側が浮きやすいので、ヒール寄りに当たりやすいんだけど、それを嫌がってフェースのセンターで打とうとすると、フェースの下側に当たってトップ。絵に描いたようでしたね。

上杉　セオリーどおりやっているのに。

田村　僕は、いつもどおり目標に対して真っすぐ構えます。

上杉　狙いは真っすぐ、と？　なぜですか？

田村　ややこしくしたくないからですよ。たとえば、いつもスクェアに構えている人がつま先下がりだけアドレスを左に向ける、つまりオープンスタンスにするということは、左足の位置が高く、右足が低い場所にあるということになりますよね。ただでさえ前が下がっている難しい状態なのに、さらに左足上がりを加えるなんて……。

上杉　なるほど、足の位置の高さが変わるということには気付きませんでした。でも、スクェアのままでは右にボールが行ってしまいませんか。

田村　そうでもないですよ。

上杉　なぜですか。

田村　傾斜の分だけ、クラブフェースを左に向けているからです。右に行きやすいからフェースだけ左に向けています。

上杉　ん？

田村　クラブの機能上、フラットになるほどフェース面が右を向き、アップライトになるほど左を向くので、つま先下がりだとボールが右に飛びやすい。だから、**つま先下がりの場合、あらかじめフェース面を左に向けておく**んです。

上杉　たったそれだけ、ですか？

田村　簡単でしょ。いろいろと考えないほうがいいんです。クラブフェースの向きで微調整すれば、後は普段のスウィング。あれこれ、がんばらないほうがいいんですよ。

上杉さんがやったように、腰を落として両ひざを曲げ過ぎると、インパクトで逆に伸び上がるじゃないですか。シャンクやトップになりやすいはずです。または両ひざの状態を保とうとして手打ちをすると、ダフって左に引っかかりやすくもなります。

斜面はフェース向きを工夫する

上杉　では、つま先上がりはどうしているんですか。

田村　同じです。

上杉　まさかフェースを右に向けるだけとか……。

田村　当たり！　鋭いですね。だって、右を向いてクローズに構えると、ダフりやすくなりますから。

上杉　鋭くはないけど……。ま、確かに私の場合、ダフることが多いです。

田村　正確にはダフったように感じるということです。つま先上がりで右を向くということは、これまた左足上がりが加わります。斜面に対してさらに鋭角にフェースが入りやすくなる。つまりフェースが地面に突き刺さるようになるので、その「詰まった感」がダフるように感じ、ヒール側を軸としてフェースも急激に返ってしまうので、さらに左に引っかけやすくなる。よかれと思ってやったことが、逆効果になる典型です。

上杉　なるほど。

田村　だからここでも単純に、まずクラブフェースを少しオープンにして、普通にスウィングすることを考えるべきです。

上杉　そのフェースをオープンにする度合いが難しいんですよ。

田村　その感覚が難しい場合は、フェースをスクェアなままにして、少しスタンスだけオープンにすると打ちやすいかもしれません。そうすれば左足下がりが加わるから、斜面の上から下にソールを滑らせるようになります。結果として斜面にヘッドが突き刺さりにくくなり、フェースも返りにくい。

僕の場合は元々オープンスタンス派ですから、このインパクト感に近いかもしれませんね。

上杉　スタンスだけをややオープンにするんですか。

田村　よくバンカーショットで、フェース面を目標に向けたままスタンスを若干オープンにして、そのスタンス方向に振り抜く、ともいわれますよね。それと同じような感覚でしょうか。特にショートアイアンは引っかけやすいので、この方法は有効ですよ。

上杉　なるほど。いずれにしても斜面からのショットは難しく考えず、単純に打てばいいんですね。

田村　そうです。ややこしい状況ほど、がんばらないで、単純に考えたほうが、かえって結果がよいことが多いのです。

ただ、クラブの構造上、ロングアイアンほどつかまらず右に飛びやすく、ショートアイアンはつかまって左に行きやすいことは頭に入れておいたほうがいいでしょうね。

⑲ 実に簡単。バンカーショット

上杉 試合で田村さんのプレーを見ていたんですが、ティショットを左のフェアウェイバンカーに打ち込んだとき、楽しそうでしたね。

田村 いやいや、楽しくはないですよ。

上杉 まるで優勝が決まったかのように、背筋を伸ばして堂々とフェアウェイを闊歩していました。だから楽しかったんじゃないかと。

田村 バンカーに入れたのをミスだとは思っていませんから。よいショットをした先に、たまたまバンカーがあっただけです。何度も言って申し訳ありませんが、僕はミスショットはしません。だから次のショットも少しも動揺する必要がないんです。

上杉 このホールは、バンカーからロングアイアンでクリーンに打ってフェアウェイに戻し、その後のパーオンにつなげました。フェアウェイバンカーで意識することは何かあるのですか？

田村 特にありません。フェアウェイからのアイアンショットと打ち方は変わりませんよ。

上杉 そういえば、アドレスでシューズを砂に埋めるような仕草も見受けられず、いともあっさりと打っていたような気もします。

田村 フェアウェイバンカーで、アドレスするときに砂に足を埋めることはないですね。

上杉 でも、バンカーでシューズを砂に埋めるのは基本だと教わりました。

田村 確かに、グリーン周りのガードバンカーならそれでもいいかもしれません。ボールの手前にダフらせたいですから。でもフェアウェイバンカーでは、ある程度ボールをクリーンにヒットさせなくてはいけないから、足を埋めないんですよ。

上杉 なぜですか？

田村 足を砂に数センチ埋めるということは、グリップの位置も数センチ下がりますよね。

上杉　はい。

田村　だから、いつもの感覚で打ってしまうと数センチ分、ダフってしまうわけです。バンカーショットはソールできずに打つわけだし、ガードバンカーならば、むしろそれを利用してダフらせてもいいんですが、フェアウェイバンカーではそれが命取りになる。

上杉　フェアウェイバンカーでは足は埋めないほうがいいんだ。

田村　それからフェアウェイバンカーで気を付けているのは、鋭角に打ち込もうとしないことですね。ボールを右足寄りに置いてダウンブローに打ち込もうとすると、インパクトが一点になるから難しくなるんですよ。

上杉　逆だと思っていましたけど……。

田村　僕が**ボールの手前からソールを滑らせるようにしてロブの感覚でショットするのは**、そのほうが、ずっとやさしいからですよ。多少手前をダフっても平気なんです。熟練のプロのような技術的に難しいことをやったらダメだと、僕は思うんですよね。

上杉 ダウンブローにインパクトするほうが難しい、ということですか？

田村 そう思います。だってフェースの刃から入れると「一点勝負」になって、ちょっとでも手前に入ったら砂の抵抗を受けて、もうそれでミスショットになる。でも、ソールを使ってインパクトすると、それは「線の勝負」になるから、許容範囲が大きい。どちらがやさしいかは考えるまでもないでしょう。

上杉 どういう意識を持てば、上手く線で打てるのでしょう？

田村 僕のような線で打つショットはソール（バウンス）を意識したショットだと思うんです。**砂の上でも芝の上と同じように、ボール手前の砂を撫でるようにしてスムーズにソールを滑らせる。**その意識なら、だいたい上手くいきますね。

上杉 では、フェアウェイバンカーからのショットの見本を見せていただけますか。

田村 はい。（フェアウェイバンカーでアドレス）ほら、埋めないでしょ。滑るのが気になるのならば、ほんの気持ちだけ埋めればいいんです。後は、さっと普通に構えて、いつもと同じようにスウィングするだけです。

上杉 結構、アゴのあるバンカーですが……あ、もう、打っちゃった。

田村 僕の場合、基本はロブショットですからボールの打ち出し角度も高い。6番アイアンでも、このくらいのアゴはクリアできます。ここは左足上がりのライです。

上杉 実に簡単そうです。踏ん張らなくてもいいですか？

田村 いえ、普通に踏ん張っていますけど、がんばってはいけません。**バンカーやラフに入ると、どうしても力が入ってしまいますが、そういうときのショットこそ、がんばらないで打つ**んです。がんばらないようにがんばる（笑）。

上杉 おじゃまします、と手前からダフる感じですか？

田村 そうそう、「おじゃまします。すみませんねえ」とソールを手前から滑らせながら打つ。がんばらないでダフる感じです。

厳密に考える必要はない

田村　（グリーン周りのバンカーショットを打つ）いい感じで打てました。

上杉　それにしても田村さんのボールはどのショットも高く上がりますね。グリーン周りのバンカーショットも他のショット同様、フェースを返さずに「フェースというエレベーターで上の階までボールを運ぶ」という要領ですか？

田村　そうです。すべてのショットはロブのイメージですから。

上杉　確かに、再現性からしてもすべてのクラブで同じ打ち方をするのは、合理的な気もします。それにしても徹底していますね。

田村　**ソールを滑らせる想定で、左手を止めるようにしてヘッド走らせれば、ボールは勝手に飛んでいきます。打ち方を変える必要はまったくないんです。**バンカーショットでも同じですよ。

上杉　エクスプロージョン（爆発）というくらいですから、砂を飛ばすイメージで強く打つんじゃないんですか？

田村　いえいえ、何度も言うように、バンカーほどがんばらないことですよ。

上杉　それじゃ、砂の抵抗に負けて、ボールが飛ばないのでは？

田村　いえいえ、そんなことはありません。僕は、砂を叩くんじゃなくて、ここでも「すみません、ちょっと、おじゃまします」という感じで、砂の表面をソールで撫でるように打っています。「小石を投げて水面で水切り」と一緒ですよ。砂の表面を滑らせるんです（99ページ参照）。

上杉　ヘッドが砂に負けそうな気がしますが……。青木功プロのようにボール手前の砂に強く打ち込んで、フォロースルーを取らないような打ち方こそがバンカーショットの見本だと思っていました。

田村　そりゃ、バンカーの名手の青木さんの真似をしても……。アマチュアゴルファーには、そんな難しい打ち方は無理でしょう。

上杉　難しい？

バンカーショットこそ「おじゃましします」の感覚

バンカーでも、他のショット同様、ロブショット。砂を叩くのではなく、「すみません、おじゃまします」という感じで、砂の表面にソールを滑らせていくイメージ

田村 はい。打ち込んだらシャベルで穴を掘るのと同じじゃないですか。リーディングエッジが砂に深く刺さるから、力がないと砂の抵抗に負けちゃうんです。フェースを上空に向けたまま、飛球方向に素直にフォローを取る。そのほうが抵抗がなくてラクでしょう。つまり、僕の場合、普通のショットとまったく同じ要領なんです。

上杉 （バンカーショットをする）あ、確かに上がった。でも、バンカーショットは難しいですよね。

田村 いいえ、直接ボールを打たなくていいから、僕の中では一番簡単なショットですよ。

上杉 よくそう言うプロがいますが、距離感も出しにくいし、ボールは高く上げなくてはならないし、やっぱりアマチュアにとっては最難関のショットと言えるのではないでしょうか。

田村 そうですか？　だってバンカーショットは、適当にダフらせればいいんですよ。ボールの5センチ手前でも15センチ手前でも、大差ないショットになります。結構、許容範囲があるじゃないですか。ボールの手前から適当にソールを滑らせれば、それでおしまい。**打ち込もうとするから難しくなる**のだと思いますよ。

上杉　距離感はどうするんですか。

田村　距離感は基本的にはスウィングの大きさで決めます。ただ、短い距離でも肩をよく回して、あまり鋭角的にヘッドを下ろさないようにしています。水切りをするときどうしますか。たぶんアンダースローで投げるでしょう。子どもでも知っているんですよ、入射角が小さいほうがよく石が跳ねるって。

上杉　砂の取り方で飛距離は変わりませんか。

田村　ヘッドを鋭角に下ろさないなら、そんなに変わらないでしょう。表面を撫でるだけなら砂の中に深く潜らないから、ボールの15センチ手前でも2センチ手前でも、ヘッドで取る砂の容積はそれほど変わらない。つまり砂の抵抗もあまり変わらないから、もし15センチ手前ならば、キャリーは出ないけど、スピンがかからずにランが出ます。

逆に2センチ手前なら、キャリーが出るかわりに、スピンがかかって止まります。結局は、ほぼ同じ距離に止まるんです。いずれにしろ、そんなに厳密に考えなくてもいいから、バンカーは簡単なんです。

上杉 方向に集中できるからチップインも可能だと……。

田村 ロブショットのときにも言いましたが、僕の場合、カットに振らない。難しく考えず、目標方向に真っすぐフェースを出す。だからラインが出るんです。

⑳ パットは「1か3」で考える

上杉 私もホールごとに、どのように攻めるか悩みながらラウンドしていますが、田村さんがコースマネジメント上、気を付けていることはありますか？

田村 特にはないです。基本的にはいつも真っすぐに打っています。

上杉 でも、パー4のセカンドショットで、グリーンオーバーを避けて花道に逃げるとか、バンカーを嫌って手前のエプロンに落とすとか、いろいろあるでしょう。

田村 ありませんよ。基本的にはカップを狙って打つだけです。

上杉 あのぉ、そうあっさりと答えられると、読者を失いますよ。ここまで読んでくださった方々になんと説明していいのやら。

田村 ははは、そうですよね。でも、単純に考えることが大切なんです。**バンカーに落ちるとか、池に入るとかそういう悪いイメージはショット前には考えません。**

だから、ティショットなら打ちたいフェアウェイの1点、グリーンを狙うならカップしか見ないんですね。

上杉　ピンではなくカップ？

田村　そうです。**カップに直接ボールを叩きこむ、ダンクシュートのようなイメージです。**

上杉　なるほど。目標を単純化するんですね。納得はできませんが、理解はできました。とはいえ、ショットの結果がいつもカップインというわけにはいきません。長いパットが残ることもあるはずです。そういえば、今日もパターの練習はしていませんでしたが、よほどパッティングには自信があるのでしょうか？

田村　いやいや、パターはあまり上手くないんですよ。もっとパッティングの技術が高ければ、マスターズだって……（笑）。

上杉　では、練習してください。そういえば、パターの練習はいつしているんですか？

田村　ラウンドの際と、後は自宅の練習マットで、コロコロと。

上杉　コロコロと、って。それは毎日ですか。

田村　いえ、たまに気が向いたときにコロコロと転がす程度で。

上杉　でも、そのときは、相当徹底的にやっているんでしょう。

田村　いえいえ。子どもたちと一緒に遊びながらが多いですね。やっぱり、これじゃ上手くならんですよね。

上杉　うーん。では、実際に打つときは、どんなイメージでパッティングを？

田村　打ち出す方向だけ気を付けるようにしています。そう考えるようになったのは米ツアーのテレビ放映を観てからなんですよ。アップでよく映っているでしょ、ボールがグリーン面を転がる映像が。すると、滑らかにみえるグリーン面が、結構でこぼこだということがわかったんです。米ツアーの最高のグリーンでも、あんなにボールがぼこぼこ跳ねて、ゆらゆらしているのだったら、結局、ボールの転がりなんかに神経質になってもしょうがない。

自分で決められるのは打ち出し方向だけで、それ以上、入るか入らないかは運次

第と開き直れたんです。だから大事なのは思った方向に打ち出せるかどうかだけ。

上杉　ということは、完璧なパットというのは存在しない。

田村　はい。でも、ある程度はそのでこぼこを無視できる方法があります。僕は、**すべてのパットを強く打つようにしています。**

2度オーバーの気持ちが大切

上杉　そういえば、田村さんのパットは見事にカップをオーバーしています。軽く1メートルはオーバーしています。さっきは2メートルくらいオーバーしていました。入るときも、カップの壁にドーンと当たって跳ねてから入りますね。

田村　でも、僕の経験からアマチュアは強く打つほうが正解だと思う。メジャーのようなきれいなグリーンでやるならば、カップのすべての間口を使うジャストタッチでもいいでしょう。しかしそれには、絶妙なコントロールが不可欠です。強く打てば、傾斜やでこぼこが消せて、真っすぐ打てます。

上杉　それでも、田村さんくらい強く打つのは怖いです。

田村　僕はパターのときには一升瓶をイメージしています。一升瓶ってカップと同じ口径だって知ってました？　僕は、日本酒の一升瓶に「コーン」と当てるつもりでパッティングしているんです。カップに入れようとするよりも、一升瓶に「コーン」と当てるほうがずっとやさしいですよ。

上杉　強く打つ効用は他にはありますか？

田村　実は通常のグリーンでは、カップの周りにはドーナツ型のでこぼこがあるんです。ボールを拾うときにかかる足の圧力で、だんだんそのでこぼこは強くなる。特に午後のラウンドでは顕著です。

だから、**ジャストタッチだとそのでこぼこに負けて、手前で止まったり急に曲がったりする可能性がある。**僕が強く打っているもうひとつの理由です。

上杉　それでも強く打ってオーバーすると、3パットの可能性があります。そして大抵、大きくオーバーした次の返しのパットはショートするものです。田村さんは、その強気のパットの後で、そうした後悔をした経験はないんですか？

田村　「オーバーして、次がショート」というのは最悪。だから僕はもう1回必ず強く打つ。「オーバー、オーバー」。2度オーバーの気持ちが大切。1度オーバーすれば返しのラインはわかるし、その曲がりを薄めにしてまた強く打つ。ミドルパット以下なら2度強く打てば確率的に1回はカップにかかりますよ。それがカップに蹴られて3パットするのはしょうがない。

それより、強く打つことで1パットの確率が上がるはずです。3パットもあるけど1パットも多くなりました。「3」より「1」が多くなれば、パット数は36より少なくなる。それでいいんじゃないですか。

上杉　返しの短いパットに不安は残りませんか。

田村　タイガー・ウッズは60センチのパット練習に最も時間を割くそうです。入れグセをつけるんでしょうね。短いパットで自信を付けるから、強めに打てるんでしょう。

パットでも、しっかり
フェースにボールを乗せていく

強めに打つことがパットの極意だと考えている田村。ショット同様のストロークで、インパクトでロフトが増える。まさにドライバーからパターまで、フェース面が空を向く〝ロブショット〟

㉑ 打てる男を目指している

上杉　最初に見た田村さんのパッティングは衝撃的でした。何しろ強い。そして無謀とも思えるほど手首を使ったストロークです。ヘッドアップもしている。怖くないんですか？

田村　一応、これでも考えていますが……。やはり、ジャストタッチでは、どうしてもショートする確率が高くなります。ショートは、わずか1センチ足りなくても入りません。

上杉　「ネバーアップ、ネバーイン」。私たちアマチュアゴルファーにとってはそれが難しいんですよ。

田村　ええ。でも、逆を考えてみてください。仮にオーバーだった場合は、30センチオーバーでも、50センチオーバーでも、1メートルオーバーでも、カップの真ん中に打てれば、ほぼ入ります。

上杉　そういえば、パットのうまいプロは、みんな強めのストロークですね。

田村　そう、強めに打つと曲がりを抑えられるから、1パットの確率が高くなる。薄めに強く打てば厚めのジャストタッチよりも、カップ上をボールが通る確率が上がるからです。

上杉　それにしても、パットの好不調の原因というのはわかりにくいと思うんですが。

田村　そうですね。パットが入らない、パット不調の原因はいろいろあると思うんですが、やっぱり「打てる男」であるかどうかなんですよ。

こんなことがありました。アマチュア時代にプロの試合に出たときに、ハウスキャディさんが「ラインを少しふくらませて読まなくちゃ」とボソッとつぶやいたんです。

上杉　それは、強めに打てていなかった、ということですね。

田村　そう、別のキャディさんからも、見るからに平らなラインなのにこう言われました。
「田村さん、上りですからしっかり打ってください」と。自分ではしっかり「打てる男」のつもりでも、傍から見たら「打てない男」に感じたんでしょうね。

上杉 家庭でも「打たれる男」だから弱いんでしょうね。

田村 やめてください。家庭内での立場の弱さを本で暴露するのは。いずれにしても、このキャディさんの指摘で「お触りパット」になっていたことに気が付いたんです。原因はテークバックにありました。ヘッドをインサイドに引き過ぎて、開いたままインパクトし、そのままアウトサイドに押し出す感じだったんです。つまり、ドライバーのプッシュアウトスライスのようなこすり球の打ち方をしていたんですね。

これではストロークした分だけ転がらない。自分では十分、振っているのに球が行かなかったのはそのためでした。

上杉 「打てない男」とは、そういう意味なんですね。

田村　今は、**ほぼ真っすぐ引いて、スクェアにインパクト、そしてほぼ真っすぐ（厳密にはイン・トゥ・イン）フォローを出す**感じになっています。これだとボールがつかまるから「お触りパット」にならない。ストロークした分だけ、ちゃんと転がるんです。

上杉　微妙な違いですね。

田村　はい。でも不調時は見るからにインサイドに入り過ぎていたんです。

上杉　どうして、ストレート・トゥ・ストレート気味のほうがいいんでしょうか。

田村　それは、ストロークが振り子運動になるからです。**振り子運動ならヘッドスピードは加速しながら最下点で一番速くなります。そこにボールを置けば、常に加速のピークでヒットできる。効率的で転がりがいいうえに、テークバックした分だけいつも転がる。つまり距離感が安定します。**

それが振り子運動になっていないと転がりも悪く、テークバックと距離が比例しないから距離がばらついて、思い切って打てなくなる。結果としてお触りパットになってしまう。

上杉 なるほど。でもシンプルな動作を続けることほど難しいことはありません。だからこそゴルファーは、スウィングという究極の反復練習を日々繰り返し練習しているんですね、田村さんを除いては（笑）。

田村 パットの話で言うと、「お先に」はしないほうがいいですね。

上杉 なんでですか？

田村 だって、「お先に」は、本来、入れにいったパットが外れて、「はぁ」とため息をつきながらのパットになる可能性が多いでしょう。そうした精神状態でのパットというのは、それ自体にメリットがないし、集中できてないから「危ないパット」なんです。

上杉 なるほど。

田村 だから、僕はカップに近くても「お先に」をやらないことが多いんです。だいたい「お先に」ができないくらい強く打って大オーバーしていることが多いんですけど……。

上杉　なるほど。いつでもがんばらない姿勢は、「お先に」のパットのときでも生かされているわけですね。

田村　ええ。**「お先に」はできるだけしないほうがいい。特にL字パターとか、ピン型パターは気を抜くと、外れる可能性が高くなります。**

上杉　どうしてですか？

田村　重心距離が長いパターで、不安定なストロークをするとフェース面がブレやすいからです。

僕は最近なぜかパットが入らないことが多いような気がするので、重心距離ゼロのフェースバランスのパターを試しているんです。何も考えずにストロークできるから。これが実によくって、浮気じゃすまなくなりそうで……。

上杉　そういえば、パッティングのライン読みの際に、しゃがまないのも田村式でしたよね。

田村　かっこ悪いですし。

上杉　そういう問題じゃないような。でも、私なんか、腹筋と背筋がぷるぷるするくらい姿勢を低くしてラインを読むこともありますよ。そういうプロも多いし。

田村　プロですからね、それは。普通のアマチュアゴルファーは、遠くからグリーンを見れば、そんなことする必要はありません。

アンジュレーションや全体の傾斜は、グリーンに向かって歩いているときにだいたいわかるものです。そんなに真剣にラインを読んでも、結果が必ずよくなるとは限りませんよ。

上杉　あの〜、でも田村さんの場合は、試合相手がプロであることが多いじゃないですか。

田村　確かにトーナメントのグリーンはよく整備されているから、タッチが合えば入ることも多いんです。偶然が少ない。ただ、それでもスパイク痕が結構残っているし、ましてや普段アマチュアがラウンドするグリーンはボールのピッチマークやスパイク痕で相当傷んでいます。そんなでこぼこなところを詳細に観察してもしょうがないでしょ。ボールがぼこぼこ跳ねて、ゆらゆらしているのだったら、ラインなんかに神経質になってもしょうがない。

入るときは入るし、外れるときは外れる。ただ、狙った方向に強く打つことだけは考えています。強く打つとでこぼこや傾斜が消せますから。

上杉　2メートルくらい平気でオーバーさせますからね。

田村　パットは、狙った方向に真っすぐ強く打てればいいんです。入るかどうかは神のみぞ知る。偶然の産物です。パッティングのことを突き詰めて考えだすと、気弱になります。「気弱な男」は家庭だけで十分だと思いませんか？（笑）

2014年3月9日、プロテスト合格祝賀会にて

おわりに

私は、2013年の8月に、初めて日本プロゴルフ協会の資格認定プロテストを受験し、49歳でプロゴルファーになりました。それまでプロゴルファーを目指そうなどと思ったこともなかったので、今、プロゴルファーになっていることに、自分でも驚いています。

私は、長年アマチュアゴルファーとして競技に参加してきましたが、正直なところ、ゴルフ理論をあまり知りません。これは、プロゴルファーとしてツアーに出場するようになった今でも変わっていません。

それは中学生のころ、フェアウェイウッドを打ち込むか払うかの議論があり、打ち込むと言っていたトッププロが、本人のスウィング写真を見るとまったくターフが飛んでなく、払うと言っていたトッププロが、ほぼ全部の写真でターフを飛ばしていたことに起因します。つまりゴルフスウィングは、その人の感覚で、どうにでも表現されてしまうんだな、と悟ったからです。

結局のところ、ゴルフスウィングに正解はないのです。ただ、その人に一番合ったスウィングを見つけたいわけですが、そのために「ああでもない、こうでもない」と悩んでいるだけなのです。言い換えれば、ゴルフとは、「自分探しの旅」と言えるかもしれません。

そして、多くのゴルファーが「ゴルフ理論」といわれるもので正解を見つけようとしますが、この「ゴルフ理論」は、ある特定のトッププロが唱えたものや、個々の感覚の話であったりするので、それをベースに考えても、なかなか正解らしきものにたどり着くのは難しい、と私は思っています。

では何をベースに正解らしきものを見つけるのがよいかというと、算数や理科で証明された定理なり、日常生活の中で明白になっている事象を使ったほうが、より正解らしきものに近づけるのではないか、ということです。

私は、中学以来ずっとそのやり方でやってきました。もちろんいつもよいスコアでラウンドできたわけでも、勝てたわけでもありませんが、少なくとも30年以上そのやり方でスランプになって困ったことはないし、「現役」が続けられたという事実は残っています。

本書は、これまで「ゴルフ理論」でスウィングを考えてこられて、なかなか正解らしきものが見つからなかった方々に、ちょっとした息抜きとして目を通していただければ幸いです。

最後になりましたが、週刊ゴルフダイジェストでの連載と、この度の書籍化にあたり、出版の機会をくださったゴルフダイジェスト社の中村信隆主幹と編集を担当してくださった近藤太郎さんに深く御礼申し上げます。

２０１５年３月

田村　尚之

本書は週刊ゴルフダイジェスト連載『がんばらないからうまくなった。』（２００９年5月12・19日号〜２０１０年3月9日号）をまとめ、再構成したものです。

田村尚之

たむら・なおゆき。1964年生まれ。会社員ゴルファーとして、仕事とゴルフを両立させ、日本オープンローアマ（94年）、日本ミッドアマ2連勝（02、03年）などの戦績を残す。アマ時代のハンディは驚異のプラス5.6。13年末にプロ転向。シニアツアーでも活躍中

上杉 隆

うえすぎ・たかし。1968年生まれ。政治、メディア、ゴルフなどを主なテーマとするジャーナリストで㈱NO BORDER代表取締役。関東ジュニア出場経験を持ち、ベストスコア71のゴルフマニアでもある

装　丁　副田高行
マーク　藤枝リュウジ
写　真　姉崎正、有原裕晶、北川外志廣、松岡誠一郎、渡部義一

ゴルフダイジェスト新書３３

がんばらないから上手くなった。

２０１５年３月１日　初版発行
２０１６年８月25日　第４刷発行

著　者　田村尚之、上杉隆
発行者　木村玄一
発行所　ゴルフダイジェスト社
〒105-8670　東京都港区新橋6-18-5
TEL 03（3432）4411（代表）　03（3431）3060（販売部）
e-mail gbook@golf-digest.co.jp

組　版　スタジオパトリ
印　刷　大日本印刷株式会社

ISBN978-4-7728-4160-3 C2075

田村尚之、話題の最新刊

がんばらない
ゴルフの
第二弾！

遠心力を使って
気持ちよく振るだけ。
田村流ゴルフを
もっと詳しく！　わかりやすく！

背伸びをしないと
上手くいく！

田村流
あきらめるゴルフ

田村 尚之・著
四六判・並製／定価８００円＋税

無理に前傾しない、無理に体をねじらない、ショットはすべてロブショット。セオリーとは一線を画したゴルフで49歳でプロになった、最強のサラリーマンゴルファーの上達法を、マンガを交えてわかりやすく、楽しく紹介する。一度頭を空っぽにして、ゴルフをシンプルに考えてみると……、実はゴルフはセオリーで考えないほうが上手くいくことがわかってくる。